全面求职

COMPREHENSIVE JOB SEARCH

一门终生受益的求职必修课

A REQUIRED COURSE FOR LIFELONG BENEFIT IN JOB HUNTING

常娥 张彤岩 朱晓婷 著

中国财富出版社有限公司

图书在版编目（CIP）数据

全面求职：一门终生受益的求职必修课/常娥，张彤岩，朱晓婷著.
—北京：中国财富出版社有限公司，2021.9
ISBN 978-7-5047-7519-1

Ⅰ.①全… Ⅱ.①常…②张…③朱… Ⅲ.①职业选择 Ⅳ.① C913.2

中国版本图书馆 CIP 数据核字（2021）第 179217 号

策划编辑	张 茜 李 晗	责任编辑	邢有涛 李 晗 张天穹		
责任印制	梁 凡	责任校对	孙丽丽	责任发行	黄旭亮

出版发行	中国财富出版社有限公司		
社　　址	北京市丰台区南四环西路 188 号 5 区 20 楼	邮政编码	100070
电　　话	010－52227588 转 2098（发行部）		010－52227588 转 321（总编室）
	010－52227566（24 小时读者服务）		010－52227588 转 305（质检部）
网　　址	http：//www.cfpress.com.cn	排　　版	义春秋
经　　销	新华书店	印　　刷	宝蕾元仁浩（天津）印刷有限公司
书　　号	ISBN 978－7－5047－7519－1/C・0239		
开　　本	710mm×1000mm　1/16	版　　次	2022 年 2 月第 1 版
印　　张	14.5	印　　次	2022 年 2 月第 1 次印刷
字　　数	222 千字	定　　价	55.00 元

版权所有・侵权必究・印装差错・负责调换

作者简介：

常娥

北京物资学院就业创业指导中心主任

国家高级职业指导师

全球职业规划师（GCDF）

全球生涯教练（BCC）

从2007年开始接受专业的职业生涯规划、心理学等方面的培训，已拥有14年职业规划与就业指导工作经验，了解大学生就业工作的全过程和特点，完成百余名大学生的就业指导与职业生涯规划咨询。

张彤岩

网名"彤岩无忌"知名博主 智联招聘LV.5首席内容官 小红书官方邀请首批直播课博主

德国德累斯顿工业大学职业教育与人力资源开发 硕士研究生

曾获得工信部教育考试中心 行业教育先进个人称号

江苏省人力资源与社会保障厅 特邀就业指导讲师

15年人力资源与职前教育培训经验，曾受邀为上海交通大学、东南大学、北京理工大学、同济大学、山东大学、中国农业大学、华东理工大学、中央财经大学、中南大学、北京物资学院等全国上百所高校开展就、创业讲座。

朱晓婷

北京物资学院物流学院专职辅导员，思政讲师

物流工程专业学生第一党支部书记

北京交通大学运输与物流专业 硕士

2017年2月获得职业指导人员二级职业资格证书，自2018年起讲授

"职业发展与就业指导"课程。荣获2017—2018学年北京物资学院优秀辅导员;2018年度学校优秀工会工作者;2019年10月在"中华人民共和国成立70周年庆祝活动北京市筹备和服务保障工作总结表彰大会"中荣获"先进个人"称号。

序　言

求职通常是会伴随很多人一生的事情，狭义上对"求职"的理解是"找工作"的具体过程，广义上的"求职"可以扩展到职业的发展、职位的晋升，同时也是人生整体规划的重要组成部分。

"每一段求职过程，都是一次发现、一次挑战和一次收获。"

辅导了很多大学生和已毕业的求职者之后，就会有这样的感受，在多年的求职辅导经历中，会看到充满激情的求职者，也会看到很多消极被动的求职者；会看到从大一就开始为自己制作"未来简历"的求职者，也会遇到已经毕业十多年但是依然迷茫的求职者。

每一个前来寻求帮助的求职者都有着相似的心情，"焦急""迷茫""沮丧"或"充满着不确定性"。多数求职者咨询的目的往往都聚焦眼前的具体问题，有的是职业规划问题，有的是简历修改或面试准备的问题。

但当咨询开始之后，我们作为帮助者，很快就会发现，要想彻底解决求职者这些眼前的问题，需要帮助求职者建立一个长期系统的规划和全面的求职准备。

另外，多数求职者同时伴有求职心态不良和求职心理波动的问题，这时如果只帮助求职者解决目前面临的某个问题，虽然也可以让求职者勉强拿到一个 Offer，但往往最终求职者也会很快离开这份工作并再次陷入待业求职的状态，因为他很可能选择了一个不适合自己的工作，这可能会对他之后的职业发展产生长久的负面影响。

全面求职，一门终生受益的求职必修课

求职者面临的问题，就是我们行动的理由。对于许多毕业多年却依然迷茫的求职者，本书会帮助大家重新开始思考"就业"，重新开始思考"求职"，让大家重启自己的职业生涯；对于大学生朋友，本书也会让同学们避免在第一份工作中盲目试错，做到能够提前把握求职方向，掌握求职的技能，在恰当的职业规划指引下稳步发展。

"求职的学习"不仅是职业规划和求职技能当中的某一个或几个问题，更应当全面覆盖求职者的职业道德、职业思想、求职心理、职业规划、求职技能、专业技能、通用能力等方方面面的"全面求职"。

如果你当下正在求职的过程中或正在做求职的准备，这本书将给你清晰有效的思路，提供很多直接的帮助。不仅能让你掌握实用、高效的求职技能，顺利通过面试获得心仪的 Offer，也会让你开始重新思考自己的职业规划和人生规划。

如果你此时正处在稳定的职业发展期，本书也同样将带你经历前所未有的全面"复盘"，你可以转换自己的身份，回到刚毕业的时间点，回到每一次入职前的求职经历中，重新回顾点点滴滴过往职业发展的细节，重新挖掘自己的隐藏价值，深度探索自己的可提升空间，并在下一阶段的职业发展中全面受益。平时厉兵秣马，避免临难铸兵！

全面求职，从心态到策略、技巧的全覆盖

那我们该怎么理解"全面求职"呢？至少可以从两个大的方面来理解，一个是求职心态，另一个就是具体的求职策略与技巧，我们一起来看图1。

高动机、没策略：运气成分和经验积累。

高动机、优策略：令人羡慕的职业发展。

低动机、没策略：从失业到失败的人生。

低动机、优策略：贵人相助却仍需努力。

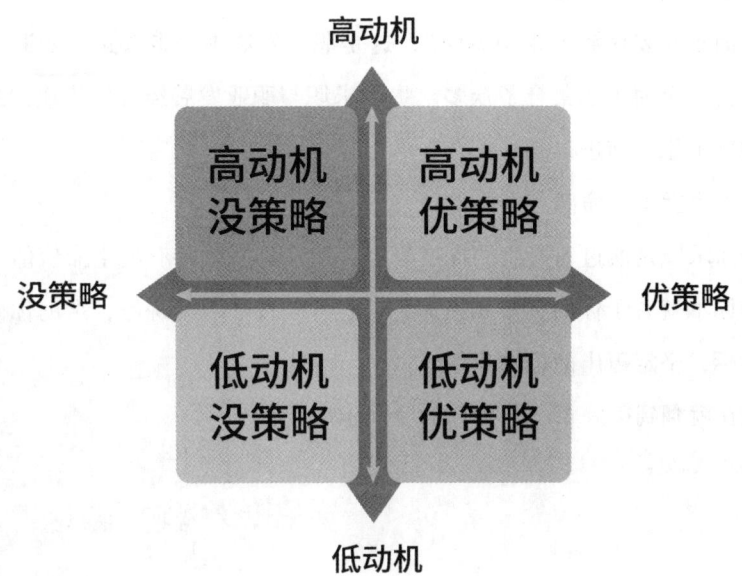

图1 职业发展四象限

所以，同时具备高动机和优策略才会获得完美的职业发展，也才能拥有令人艳羡的精彩人生。

而"全面求职"的理念，恰好就是从动机和策略两个方面入手进行学习和提升，不仅可以让求职者具有更强的主观能动性，做职业生涯的主宰者，同时从职业规划、求职各环节的认知和技能准备上都会有全面深入的介绍。

全面求职对你的影响会有哪些？

让求职心情更加愉悦

当你掌握了全面求职的理念与技能，你的职场发展方向和发展节奏将会由自己来把控，享受从被动接受到主动把控的升华，求职过程更自如、更开心。

更快达成职业目标

到达目的地不仅要拥有充足的动力，还要拥有一张"导航地图"，而全面求职可以帮助你同时具备以上两个优势，即可以拥有正确的发展方向和清晰的路径，并保持充沛的发展动力。

让职业发展更加稳健

全面求职要做到"未雨绸缪"，这是职业发展中少走弯路、躲避雷区的灵丹妙药，全面求职集合了众多宝贵的求职与职业发展经验，能让你站在巨人的肩膀上稳步前进。

让人生拥有使命感

全面求职是通过对人生的深度思考，帮助你找到特有的生命价值、存在意义和原本就属于你的责任和使命，通过开拓性学习和练习，帮助你确定理想和目标，坚定迈出前进的步伐。

现在就翻到第一章，开始你的全面求职吧！

常娥　张彤岩　朱晓婷

2020 年 10 月 8 日

目　录

第一章　就业心态与就业准备：你有"求职力"吗　1
珍惜大学生活、把握校招机会　1
你有"求职力"吗　2
我该如何开始求职　3
了解职业生涯规划的必要性　4
了解职业生涯规划的重要性　5
职业目标三问　5
我想做兼顾事业家庭的职业女性，应该怎么做　7
考研并不能缓解就业焦虑　9
学会从 HR 角度看求职　10

第二章　职业探索与职业规划：成为职业侦探　12
职业规划将会陪伴终身　13
先就业还是先择业　13
裁员裁掉了谁　15
职业解析"四步法"　16
访谈业内人士的技巧　18
职业 3D 画像 & 职业人的一天　21
自我认知与定位　22
制作一份"职业生涯规划书"　28

第三章 简历制作：通往未来的简历   34

    简历蓝图，三思后行   34

    一职一版，高度匹配   35

    切中要害，JD 研究分析   36

    三种方式展示职业优势   37

    推荐的简历布局   37

    简历的十二条细则   38

    "Bling-Bling" 的 STAR 法则   42

    简历该不该加入专业课程成绩或毕业设计   47

    硬性技能 VS 软性技能   51

    简历要放 "兴趣爱好" 吗   56

    简历书写关键词大全   62

    如何写好求职信（Cover Letter）   67

    跨行业／跨专业求职信   74

    如何写好英文简历   78

第四章 单独面试模拟课：结构化面试   86

    面试准备 5 步法   86

    写一篇高质量的 "自我介绍"   91

    如何顺利通过电话面试   96

    8 个高频结构化面试问题   99

    反客为主："你还有什么要问我吗？"   104

    面试后的 "黑科技"：感谢信   111

    远程面试与见面面试   114

第五章 群面训练课：无领导小组讨论   118

    超高淘汰率环节——无领导小组讨论   118

    无领导小组讨论（LGD）   119

群面面试官的"心理弱点" 121

无领导小组的 5 类角色 123

浅析求职职位与小组角色的关系 124

常见无领导小组讨论的 7 大题型 125

第六章 创建你的投递计划：用项目管理的思维来求职 133

PM 项目管理思维求职 133

简历、网申石沉大海的 10 大原因 139

如何打败网申机器人：通过简历筛选系统 145

投递后跟踪的方法 151

突发状况，该如何巧妙取消约好的面试 155

第七章 Offer 来啦 159

成为薪资谈判高手 159

Offer 选择永远是个难题 163

记住，Offer 只是个开始 167

第八章 职场印象管理：何其重要的第一印象 176

导致求职面试失败的 13 个细节 176

面试官是怎么看出求职者不自信的 180

如何打破 HR 对你的刻板印象 181

第九章 7 步助你斩获优质实习 Offer 185

明确实习的意义和价值 185

罗列自己所有感兴趣的选项 186

作出选择 186

做好充分的求职准备 187

  投递与坚持   188
  面试完后说"谢谢"   188
  Offer！最大化你的收获   188

第十章 "黑科技"来了   190
  助你高效求职的渠道   190
  性格内向的同学看过来   195
  补一点《中华人民共和国劳动法》的常识   197
  试用期的工作技巧：提前转正与涨薪   200
  远程办公提高效率的6大技巧   202
  12类严肃在线兼职   204
  如果我是便利贴，我该怎么办   208
  如果一份工作明知是跳板，我该去吗   210
  就业还是创业，回到最初的梦想   213

后　记   218

第一章　就业心态与就业准备：你有"求职力"吗

　　小王同学刚刚离开大学两年，两年里他换了三份工作，每次工作刚过半年，他就会觉得这份工作好像不太适合自己，之后就开始寻找新的机会。眼下他正在寻找人生中的第四份工作，可这次，投出去的简历竟全部石沉大海……

珍惜大学生活、把握校招机会

　　这是很多同学毕业之后会遇到的境况：毕业之前校招中没有遇到太多的阻力，就拿到了一份还过得去的Offer，感觉自己对得起大学的教育和父母的期待，可以"顺利"地步入社会。

　　可同学们往往会忽略一点，就是学校提供给我们参加校招的"身份"，一旦没有充分利用，这种优势就会不复存在。小王同学正是在校园招聘会中"轻松"获得了人生的第一份Offer，可惜那时他还没有经过深思熟虑，也尚未具备成熟的就业能力，"稀里糊涂"就签了"三方协议"，没有充分利用好校招的机会。当入职一段时间之后，因为盲目的职业规划和职业能力的欠缺，终究遇到了无法规避的发展难题。

校园招聘与社会招聘的差异

　　校园招聘作为招聘单位"人才大战"的最前线，校招职位中充满着对大学生的友好和包容，很多企业在校招中提供了更为宽松的入职门槛和丰富的入职培训，这是校招明显的优势。

很多类似的职位，在同时面向校园和社会进行招聘时，招聘条件差异很大，特别是面向社会的招聘，往往要求求职者有两三年的从业经验，而刚刚走出校门的应届毕业生与已经工作两三年的候选人竞争时，明显会因为缺乏从业经历，处于竞争的劣势。

你有"求职力"吗

小王同学在校招期间顺利拿到了 Offer 很让他欣慰，但同时也掩盖了他求职力严重缺乏的情况。当第一份工作不太合适自己，需要重新求职的时候，却因求职力不足导致了接二连三的失败。那么，到底什么是"求职力"呢？

求职力包含但不限于以下几个方面：

· 健康的求职心态

· 自我认知能力

· 职业认知能力

· 职业生涯规划能力

· 求职应聘能力

· 职业发展能力等

当处在大学期间的同学们尚不全面具备以上能力时，就会出现求职及职业发展的诸多问题。其实，越早具备求职力，就能越早清楚自己的职业发展路线，提前规划、积累相关知识和经验，最终才能在求职的竞赛中占得先机。

求职力也可以从五个具体的方面去提升：

· 专业知识

· 专业能力

·通用能力

·求职意愿

·求职技巧

本书全面包含了以上内容并进行了扩展，如果你急需某个方面的提升，可以通过目录快速定位相关章节，获得有针对性的帮助。

受益终身的"求职力"

求职力就好比学习自行车或游泳的能力一样，一旦具备，就不会轻易丧失。一名同学如果在校期间就掌握了很多就业知识，并且具备较强的求职力，他不仅可以最终获得一份优质的校招 Offer，也会在未来的职业发展道路中保持高速有效的成长，在面对升职、跳槽、创业等不同的机会时，能够具备清晰地分析、判断能力，能够在较短的时间内作出最有利于自身发展的决策，把握住每一次人生的转折点。

我该如何开始求职

首先，我们要调整求职的态度。如果你是一名大学生，就要杜绝"不就业、缓就业"的错误心态，我们有责任也有义务为自己的未来负责、为家庭分担压力，为社会作出应有的贡献，创造出有益于他人的宝贵价值。

其次，我们要遵从科学的求职准备规律，在做好职业规划的同时，合理安排、分配大学时光，提前进行不同就业方向的各项准备工作，及时申请适合自己的优质实习机会，积极参加各类求职学习活动，在实践中探索自己的职业发展方向。

最后，我们要根据不同阶段的就业准备特点，及时调整自己的学习实践方式，积极参与并提升自己的职场素养，为将来的职业发展打下坚实的基础。

了解职业生涯规划的必要性

在以往的校招过程中,我们经常会遇到很多对自己职业生涯规划不清晰,甚至自我认知混乱的同学,他们普遍在最初确定自己职业发展方向时就停滞不前,或过于草率地决定自己的职业方向。

上述情形会产生两种严重危害:一是对于职业方向而言,可能会有较大的试错风险,在实习、就业,甚至考研、留学的方向上犯错误,导致未来求职时发现专业方向和求职方向出现偏差;二是对于用人单位的HR而言,在招聘时注意到同学们的职业规划时,会对职业规划不清晰的同学采取谨慎的面试态度,因为HR都希望同学们在毕业时具备一定的职业发展规划能力,这样HR才可以贯彻稳健的用人策略,实施长远的人才发展计划。

什么是职业生涯规划?职业生涯规划是一个人把个人发展和组织发展相结合,对职业发展进行科学系统的计划活动,在正确使用各类分析、测评、总结方法的基础上,根据自身性格特质、兴趣爱好、能力和价值观,再结合所在行业、组织情况、具体岗位进行综合研判和权衡,制订相应的实习、工作、培训等计划,并对每一阶段的时间点、方向、整体秩序作出的合理安排,最终实现高质量的个人职业生涯发展。

缺乏清晰职业生涯规划的同学和已经具备良好职业生涯规划的同学,随着时间的推移,在毕业后会有较大的职业发展差距。具备良好职业生涯规划的同学往往发展得更加高效、快速和稳定,究其原因更多是因为可以在适合的行业、组织和职位中发挥自己的核心优势,进行积极正向的发展。

而缺乏清晰职业生涯规划的同学,经常会在毕业后三年内遇到发展瓶颈。很多同学会陷入反复探索职业方向的泥潭中难以自拔,虽然频繁尝试新的工作方向,但依然很难确定适合自己的发展路径。这也是缺乏清晰职业生涯规划容易导致的问题之一,后续我们会在第二章中进行职业生涯规划方法的深入学习。

了解职业生涯规划的重要性

当我们拿到案例中小王同学的简历时,会发现在他的简历描述中存在的严重问题:毕业后的几份工作经历,不仅没有一份超过一年,最短的一份只有三个月时间,而且求职过程中还调整过行业。

几位具有多年招聘经验的 HR 看过这份简历之后,纷纷表达对小王同学职业稳定性的担心,也表示在小王同学未明确自己的核心能力及职业规划之前,不会冒险为他提供工作机会,因此都拒绝给他提供面试的机会。

我们也会经常发现,那些在校期间就完成自己职业生涯规划的求职者,往往比职业生涯规划不清晰的求职者发展更加稳定,并且在出现行业衰退或企业裁员情况时往往能幸免于难,在行业蓬勃发展的时候能够优先获得升职机会。这样的求职者经常被很多猎头追捧,原因其实多得益于在校期间充足的求职准备,以及对自己职业生涯规划的重视。

职业目标三问

职业生涯相关问题中,快毕业的同学最为关注的是自己第一份工作的方向。关于第一份工作的职业目标,很多求职者还比较模糊,通常我们会建议大家积极思考如下几个问题,在仔细思考之后,可将自己的答案填入表 1–1 当中。

表 1–1	职业目标三问
发展方向(工作、考研、留学等)	
行业、企业(组织)、职位	
期待月薪	

我们会发现,很多临近毕业的同学并不能清晰、肯定地回答这三个问题。当被问到第一个问题"发展方向"时,很多同学会盲目回答:我要出国留学、考研等。但当继续追问原因时,又无法准确说出出国留学、考研对接下来职业发展的帮助和意义。这就说明同学们存在盲目进行下一步安排的问题。

下面是这三个问题的注意事项。

问题一:"发展方向"中,可填写接下来的计划安排,如就业、考研、出国留学、考公务员、当老师、创业等,可进行多项选择或补充。

问题二:"行业、企业(组织)、职位"中,要明确填写最终入职的具体目标信息,包含具体行业、企业和职位目标,如"互联网行业、今日头条、新媒体编辑"或"教育行业、北京大学、辅导员老师"等。

问题三:"期待月薪"中,应当明确填写自己期待的薪酬范围,通常薪资范围上下限不超过 2000 元,如期待薪资为 5000~7000 元等。

部分同学可能并不能立刻明确方向,或有多个不确定的方向,此时也要将可能的方向都填入表格中。但请注意,此时此刻填入的信息,在接下来的阅读和思考中很可能会有修正、调整,最终结果将成为职业规划当中具体、明确的求职目标。

对于已经毕业的求职者,职业目标三问也可以帮你重新梳理下一阶段的发展目标,特别是在期待薪水和具体职位上,可以把下一阶段目标具象化,更有利于提前进行有针对性的准备。

你还在舒适圈当中吗?

图1-1 职业能力成长图

当同学们开始思考自己的职业目标时，就会感受到压力，大部分同学选择积极面对压力，并主动通过学习明确职业目标、制订相应的求职计划。但有一部分同学会产生消极的念头，逃避就业或选择"缓就业"，有的同学未经深入思考就盲目决定考研，还有的同学选择在毫无准备的情况下去当"老板"，理由是这样可以自己说了算，不受职场各种要求的限制，也不用再费力去做求职的准备。

以上这些念头，我们都需要重新思考并面对，越早选择解决问题，越有利于我们的职业发展。如图1-1所示，这是职业能力的成长图，最中间的部分叫作"舒适圈"，是每个人当下的能力范围，在这个能力范围内，我们可以轻松解决当下的问题，工作和生活会很舒适。

但在这个能力范围之外，属于我们不能轻易解决的问题，比如就业准备其实对于很多在校大学生来说是新领域，会导致一些同学因为陌生而止步不前。但一些成长很快的同学，会选择积极挑战能力范围之外的问题，当这些问题得到解决时，他们的能力也会相应有所提高，不论是面对求职，还是将来在职场中都会变得更加游刃有余。

临近毕业的同学们就处在突破自己"舒适圈"的第一步，应该开始思考和计划自己的未来，所以在这里，鼓励每一位同学积极参与就业课程的学习，勇敢面对自己"舒适圈"之外的各类挑战，早日具备健康的就业心态，在自己职业的道路上迈出自信的第一步！

我想做兼顾事业家庭的职业女性，应该怎么做

有一所女子学院在进行就业交流的活动中，同时邀请了几位HR，因为女子学院的学生都是女生，加上HR从业群体中女性也多于男性，就不免谈及女性职业发展和男性的差异。

女性职业发展规划会受自身特点和一系列外部因素的影响，比如影响女性职业规划的常有生理、心理、家庭和婚姻等重要因素。

现阶段我国职业女性很多都接受过高等教育，通常教育生涯在22~25岁

结束，初入职场一般要经历 2~3 年的职场融入和初期职业发展的过程。往往在 25~28 岁时，已经可以确认自己的核心能力及自己的职业发展方向，在 25~28 岁未能确认自己的核心能力和发展方向的女性，容易逐渐失去职业竞争优势。

25~28 岁是很多女性工作内容及角色转换的关键时期，在工作初期积累的工作能力和经验、职场人脉以及成长起来的心理此时都将起到很大的作用，助力职业女性从基础的执行岗位向更专业或更高的管理岗位迈进，而此时很多职业女性开始思考并面对事业和家庭的平衡问题。

爱情、婚姻、生育和事业的关系是大部分职业女性普遍面临的平衡难题，虽然每位女性都希望找到完美的平衡点，但现实中通常会遇到很多挑战。比如，自己的年龄到了必须要考虑生育，但同时也处在事业最黄金的发展期，此时来自家庭和工作的矛盾会尤为突出。当选择暂时离开职场、脱离职业女性角色时，很多女性会产生焦虑，担心自己的职场地位不保，或离开后再回来需要新的适应时间，也有的女性会担心这样的安排会让家人、领导不悦，等等。

所以女性和男性职业发展规律的突出差异之一就是生育和育儿期的安排，为了更好地度过这一时期，且利用好这一时期为接下来的职业发展积累更多优势，我们应该注意以下三点。

（1）从职业生涯规划角度，尽早结合自身特点和行业、企业、职位的情况，找到自己的核心能力和优势，提前做好职业发展规划。

（2）应当具备成熟的职业心态，明确家庭和事业的正确意义和价值，合理地平衡分配每个阶段在家庭和事业中的精力及时间。

（3）提前做好生育、育儿期的时间安排，特别是在生育期后如果还准备继续在家育儿，就要继续保持对行业发展的关注和专业的学习，可以专门拿出一部分时间规划为提升充电的时间，就能够很好地平衡母亲和职业女性的角色。具备了这样的心态，合理安排、规划自己生育、育儿期的职业女性，就可以继续保持良好的职业发展动力，紧跟社会及行业发展的脚步，在回到职场之时结合自己多年的工作经验，继续实现自己的社会价值。

考研并不能缓解就业焦虑

在一次结构化面试的辅导中，我们对一名研二的男生进行辅导，当问及他的职业目标时，他回答自己毕业后想成为公职队伍中的一员。但当问及具体方向时，他很模糊，再问到期待薪资时，他回答的薪水目标是正常的刚入职的公务员平均薪水的3倍之高。

这样的情况让辅导老师们非常惊讶，这名研二的同学虽然从成绩和年龄都到了进入职场的阶段，可对未来职位的了解却很不准确，而且期待的薪资严重不切实际。如果不及时帮助他正确认知未来的工作岗位及正常的收入发展规律，他一定会被自己目标和现实的差距所打击，最终盲目选择或消极被动地接受一个不适合的工作机会。这不是我们希望看到的。

当深入了解他的情况时，他讲述了自己本科毕业考研的决定过程。他当时考研的动机非常简单，一方面是因为家里长辈希望他具备更高的学历再进入社会，另一方面是因为自己平时也很少关注职场，有些担心害怕，觉得考研可以暂缓就业压力。

具备更高的学历是件好事情，但当问及他考研的方向和选择的理由时，他觉得考研选他就读的这个专业方向最容易就业，从未考虑过研究生毕业之后该怎么规划职业生涯，这不免让人感到惋惜。后续我们对这位同学的综合评估也显示，他的职业规划能力很差，不仅没有利用好本科四年的时光，也浪费了研究生阶段可利用的接触社会的机会。

所以我们应当认识到，考研、留学等深造途径只是我们去往目的地的渠道之一，在未确定正确方向之前，很多努力都可能会变为徒劳，甚至南辕北辙。当求职者早已到达应当具备成熟心态和社会常识的年龄时，就应该主动去面对问题，不应该出现研究生快毕业了还对社会知之甚少，缺乏实际的就业思考的情况。

除了这名研二的同学，我们还遇到过几名对薪资期待恰恰相反的同学。其中有一名在北京读大四的同学，在被问及自己毕业后期待的薪资时，竟然回答"第一份Offer的期待薪水是2000元"，这还不及一个实习生的月收入，对薪资过低的期待，也让人感到惋惜。

由此可见，其实摆在我们面前的是一道"就业关卡"，这道关卡只是我们人生中众多关卡中的一道，在漫漫职业发展道路上，会有很多选择和挑战，而当我们没有预先准备时，就会失去机会，落入被动消极的应对当中。

提前具备就业准备意识，积极参与或创造一些接触职场环境的机会，这些都会有助于我们掌握更多度过"就业关卡"的经验和技术。其实，求职不仅仅是一门技术、更是一门艺术，如果人生是一场大戏，那么高超的求职技术一定会让我们演好每一幕戏，书写出丰富多彩的职场故事。

学会从HR角度看求职

HR（Human Resource）即人力资源，全称人力资源管理，通常指一家企业或组织的人力资源管理部门或指企业人力资源部门的从业人员。要想更轻松地拿到优质Offer，我们可以提前了解、学习HR的工作逻辑和工作思维，这会让求职者更加容易理解HR设置招聘环节的动机和原理，在求职过程中展示出更高的职场成熟度。

人力资源管理通常分为经典的六大模块，认识并了解这六大模块，可以理解HR的工作逻辑。这六大模块分别是：

- 人力资源规划
- 人员的招聘与配置
- 培训与开发
- 绩效管理
- 薪酬管理
- 劳动关系管理

通过六大模块我们会发现，组织或企业的人力资源部门要负责用人规划、招聘、培训、绩效薪酬等内容，覆盖我们职业生涯的始末。

通常HR会将自己的工作总结为四个字，叫"选、用、育、留"，很多优秀的HR在面试初期，就会形成对求职者相对清晰的定位和后期培养方案并与求职者进行沟通，这是很多大型企业树立"雇主品牌"形象的关键一步。

本书所涉及的求职相关内容，多数对应的是HR业务范围中的"人员招聘与配置"相关的内容，是HR业务线的重要一环，HR只有招聘到了合适的人才，才能够继续开展后续的工作。作为求职者，只有提前进行有针对性的准备，才会有更多的入职机会。

第二章　职业探索与职业规划：
　　　成为职业侦探

张女士来咨询时，给我的印象只有两个字，"优秀"。她有着姣好的面容、优雅的气质、文雅的谈吐，可从她微皱的眉头中，却也能清晰地感受到她现在的困境。

张女士硕士毕业已经三年多了，她刚刚经历了人生最幸福的时刻，和自己心爱的人终成眷属，但她正在为结婚前一个不成熟的决定后悔不已。

之前的工作中她遇到了一些烦心事，觉得自己这几年一直在勉强从事这份工作，再加上最近婚礼各项繁杂的筹备工作，让张女士作了一个大胆的决定：辞掉工作，结婚度蜜月之后再重新找一份新的工作。

经过两个多月的时间，在三个城市操办了婚礼之后，她开始思考，接下来该往哪儿走？这个时候却犯了难，因为已经太久没有考虑过怎么找工作的事情了，突然间张女士感到无比焦虑，回想起研究生毕业时求职的场景，却怎么也想不起来为什么会义无反顾地就签了校招的工作，那份最初对工作的憧憬也已经不在，很难再度拾起。

并且婚礼刚刚结束，家里的老人们就催促她早点备孕，这可真是愁坏了，自己还想着休整完之后重新起航，寻找新的工作方向呢。

"索性不考虑那么多家庭的压力了，先把工作定下来再说。"张女士有些犹豫地说，但又像是在给自己打气。

"那你接下来有什么打算？"我问，她有些底气不足地回答道，"也许我该去看看和之前公司一样的岗位，但是我也不确定，除此以外我还能做什么，我很迷茫。"

职业规划将会陪伴终身

张女士第一次的咨询持续了两个多小时，后来我们又有过几次交流，才渐渐帮她完成了新的职业发展规划，也帮她重新树立了新的职业发展信心。这几次交流中最让张女士受益的，是她接受了"职业规划将会陪伴终身"的概念，决定定期进行职业规划。

职业规划的确是一个动态演进的过程，求职者应该以一个更平稳的心态去面对正常的职业变动，并且要适时停下来复盘过往的职业路线，分析是否走了不该走的弯路，这样可以为下一段职业发展做好准备。另外，我也十分清楚，和张女士的对话可能几年之后还会再次进行，因为职业规划的话题将会伴随我们一生。

和张女士一样，其实每个人都会在人生中不断地经历职业的挑战，这些未知的挑战促使大家要经常去思考职业发展的各种可能性，只要不因过度脆弱的心理而导致职业进行不必要的变动，那么经常思考职业发展问题就是保持良好职业规划的必备因素。

职业发展会受到很多因素的影响，外在因素包括行业变化、项目变动、政策改变等多重因素，内在因素则有年龄、婚姻、阅历等，不同的阶段必然会经历不同的挑战，持续的职业探索和规划是解决这个问题的良方。

先就业还是先择业

张女士很难回忆起当初校招的场景，这个细节其实也反映出她毕业之前对工作方向的思考很欠缺，如果再给她一次机会，她一定会先利用好在校期间的职业准备期，完成自己的职业规划，这样就能避免在第一份工作时被动接受工作内容，最终导致半途而废。

"先择业，再就业"还是"先就业，再择业"，不同的策略可以应用在不同的时间段。通常，如果不是到了毕业最后一个学期、已经错过秋招的情况下，那么对于绝大部分非毕业年级的同学，还是推荐"先择业，再就业"。择业包括职业方向探索、职业规划、提前了解目标职位、准备成绩证书、提前完成优质的实习等多个步骤。目标就是要在毕业季来临之前，做好"全面求职"的各种准备工作，这样才能确保在激烈的求职竞争中脱颖而出。

"先就业，再择业"的策略通常适合进入毕业年级但还没做好就业准备的同学，特别是只剩下春季招聘的同学，此时如果再去从头储备就业技能为时已晚。

因此，建议大家快速判断自身优势和适合的岗位，立刻开始网上申请职位和简历投递，要确保能先拿到 Offer，再在工作实践中确认自己的工作匹配度和发展潜力。有些同学因为没有重视校园招聘的窗口期，等到错过之后，离开大学校园到社会招聘时，才感到后悔，因为社会招聘的大部分岗位对工作经验有一定的要求，而应届毕业生往往没有工作经验。

那么有没有一种折中的方式，叫"边就业，边择业"呢？这是个好问题。其实我们每个人的职业发展都是一个终身的探索实践过程，很多人在毕业数年之后还处在"边就业，边择业"的状态中，只是我们需要明确自己处在一个什么时期，有时是在"求职期"，有时是在"稳定期"，不同的时期有不同的策略。

处在"求职期"的求职者，往往对未来的工作或现在所从事的工作有一定的疑虑，经常会思考甚至怀疑自己是不是真的适合这份工作，这时一定要注意及时调整自己的工作生活状态，没有一份工作是完美的，要认真分析压力和消极想法产生的原因。只有锁定了原因，才能作出正确的思考和判断，不要轻易变动工作。

另外，当一个计划好的工作发展周期结束时，有职业发展的意愿和对新职位或新工作方向的向往与思考也是正常的，这时就要全面评估下一阶段工作的调整方向，尽量形成更加科学、稳健的行动策略。

而处在"稳定期"的朋友们，对现在工作的满意度和投入程度会很高，很少思考新的工作方向和择业的问题，此时要保持积极的工作状态，维护良好的人际关系，精进自己的专业技能，提高自己的综合能力，为下一步发展做好准备。但也不是处在"稳定期"的朋友们就没有想法，只是这些想法都是偶发的、零散的，除了带给自己一些思考，一般不会产生换工作的冲动。

所以我们要正确理解"边就业，边择业"的状态，在进入这个状态之前，提前做好就业准备策略，"先就业"或"先择业"都应当确保自己能够尽量把握住宝贵的求职机会，做好进入新工作的准备。

裁员裁掉了谁

职海茫茫，职业发展如逆水行舟，不进则退。在过去的几十年中，国际金融危机、国家政策调整、行业发展规律、公司策略调整等各类原因而引发的裁员或裁员潮并不少见，特别是突如其来的疫情也让很多被裁员的朋友措手不及。

每次裁员时，裁员风波到底会波及谁？怎样能够在竞争越发激烈的现代职场稳步发展？怎样成为团队中不可或缺、不可替代的一员？怎样在"裁员风暴"来临时依然能够勇立潮头，对各类突发情况泰然处之？

"职业探索与职业规划"一章特别从职业规划的知己、知彼两个角度去深度剖析人岗匹配度，如果你和这个岗位十分匹配，在岗位不缩编的情况下通常不会先被裁员，但裁员可以帮助企业在某种程度上渡过难关，所以总有人会被裁掉，可他们是谁呢？

通常下面几类员工在裁员时会被优先选为目标群体：

· 职业规划不清晰，定位不准确的员工
· 被动工作，缺乏工作主动性的员工
· 核心能力不匹配，工作结果差的员工
· 职场成熟度差，抗压能力差的员工

· 适应能力差，不能及时调整自己面对新环境、新挑战的员工

我们可以看到，多数最先被裁掉的员工，都和自身的职业规划和职业定位不清晰有很大的关系，他们不能准确了解所处环境中发生的变化，不能清晰地说出自己的职业发展规划，也没有突出的表现，往往还是公司"抱怨小分队"的主要成员。

而造成这个问题的原因，常常是其本人对职位的理解不透彻、不到位，所以在选择职业方向时就埋下了隐患，这种因为不了解而造成的不匹配不仅仅影响了当下的工作表现、工作状态，最终还会让自身的职业发展陷入泥潭。

那我们该如何准确地理解一个职位，从而判断是否适合自己呢？

职业解析"四步法"

很多求职者在选择一份工作或实习前，是缺乏深入思考的。很多职场老员工，工作了好多年，当被问及"你有深入思考过你的职业吗"，也往往会哑口无言，因为自己没有认真考虑过这个问题。

一个要托付终身的人，我们都知道要好好了解，甚至不惜让长辈帮忙进行全方位评估，可往往一份会相伴许久的工作，却是"包办婚姻"，有的工作明明自己不喜欢也不适合，却因为懒于思考而勉强接受。

很多求职者工作不稳定的原因，是不确定目前的工作是不是自己的最佳职业，从而总是盲目羡慕别人的职业和工作条件。殊不知，家家都有本难念的经，隔行如隔山，就算一窝蜂地挤到某个行业或岗位中去，也可能根本不适合自己。

这样看，明确自己的职业目标就变得十分重要，如果能够提前锁定职业发展方向，就能够清晰地规划下一步的发展，进而更好地安排现在的工作和生活。"目标就是规划"，找到并确认目标，这本身就是规划的开始，是执行的前提。

职业解析的维度

既然职业解析这么重要,那我们就来看看,到底职业解析要分析哪些维度?

(1)职业条件。指的是我们获得工作时的一些相关工作条件,比如当下的薪酬、福利、职位 Title、管理权限边界,再比如保险、公积金情况、上班距离、工作时间、办公环境、股票期权、公司的企业文化是否匹配,等等。

(2)职业状态。就是与工作状态相关的维度,比如工作压力是否可以接受、晋升空间和晋升周期、工作和生活的平衡性以及工作本身是否有能够发挥自己优势的地方,让自己能够愉快地为之付出,享受过程。

(3)职业价值。你是否觉得自己的工作很有价值?职业价值包含了自我价值的认定,他人对自己工作的尊重,以及在工作中是否能够积累经验或行业人脉,等等。

(4)职业发展。如果只把眼光放在眼前的工作条件上,可能很快自己就会感到不满足,并且发现自己并没有考虑过下一步的发展方向。

可以使用表 2-1,帮助大家梳理职位解析的结果:

表 2-1　　　　　　　　　　职位解析

理想职业条件	求职职业条件	理想职业状态	求职职业状态
理想职业价值	求职职业价值	理想职业发展	预计职业发展

一份工作,要评估眼前的情况,就要结合行业、企业和职位本身,放在更长的时间周期中去思考。虽然发展变化情况我们未必能够准确预期,但基于经验和当下的趋势,应当尽量做更长时间的预测和计划,这样在面对十字路口时才能知道该往哪里走。

建议应届毕业生,不论本科生还是研究生,至少要考虑未来 3~5 年的发展，而具备一定工作经验的职场人，应至少考虑未来 5~10 年的发展。因为随着年龄的增长，职业的变化往往会伴随更大的危机，宜未雨而绸缪，毋临渴而掘井。

前面分析了那么多维度，但读者朋友也不要落入"追求完美"的陷阱，世上很难找到一份让人时刻舒心惬意、毫无压力、只发挥优势没有任何难处的工作，只要职业解析四步法中的维度基本符合即可。我们要重点考虑能否为用人单位创造价值，有时工作与个人发展是相互促进的，你的付出会得到认可，从而逐步建立职业的优势。

访谈业内人士的技巧

职业访谈就是通过充分的事先准备，借助与业内人士的谈话，全面了解职业发展的相关信息。通常可以了解职业的发展路径、薪资待遇、工作条件，并且可以通过与业内人士交流，获得宝贵的指导和建议。

职业访谈有助于在职人士在不离职的情况下，为换行业、换岗位做充分的调研准备，另外也非常适合在校大学生在选择第一份工作或重要实习时，将了解到的职业信息作为重要的参考内容。

对于很多不打算重新选择职业方向的在职人士，定期拜访前辈进行职业访谈，也能让自己更清晰地规划下一步的发展计划；对于有更换职业想法的人士，拜访前辈们，可以让他们在选择职业方向时给自己提供一个坚持下去的理由。

职业访谈不仅可以获得前辈的点拨，有时还可以直接获得求职机会，毕竟这样"有心"的求职者对于有用人需求的前辈来说也是非常难得的。

职业访谈 "3+2"

这么好的职业规划工具到底该怎么用起来呢？大家可以通过 3 个访谈步骤，加上 2 个视觉化的报告工具，在短时间内获得对自己最有帮助的信息和人脉。

1.寻找职业访谈对象

有一个经典理论——人际关系的六度理论,即"世界上任何两个陌生人之间都可以通过6个人的间接关系建立联系"。因此我们也要发挥人脉优势,找到自己二度、三度人脉中已经在目标行业中的前辈,向他们虚心请教。

我们可以从身边的学长学姐、辅导员老师、专业导师、实习中认识的前辈、家里的亲属长辈、父母的朋友同事等多个维度进行访谈。

通常访谈对象应该是目标行业、职业内的从业者或HR,访谈从业者的好处是可以了解到行业、职位的细节,访谈HR的好处是可以从人力资源工作人员的专业角度帮你去分析一家企业对一个职位的规划是怎样的,相比访谈从业者可以补充一个不一样的角度,同时建议尽量多进行几次不同访谈对象的谈话。

除了前文提到的一度人脉,还要有意识地去开发二度人脉,比如在自己的家长老师、亲朋好友中询问他们是否有熟悉的访谈对象。同时,我们也可以通过互联网的行业群、论坛,还有一些培训课程结识优质的访谈对象。

2.策划职业访谈内容

在找到了目标访谈对象之后,要先诚恳地表达来意,并且提前感谢对方为自己空出时间,告知访谈将会给自己很大帮助。同时要在访谈对象最方便的时间,用他最方便的方式来进行访谈,通常访谈在30~60分钟,可以通过见面、电话、微信、文字等多种方式进行,切记在访谈之前一定要把问题清单提前发给对方进行准备。

下面给大家罗列了职业访谈中最常见的五类问题。

(1)职业条件类:

·通常这个职位的工作环境/工作待遇如何呢?

·行业内的公司一般都会有什么样的企业文化呢?

·入职的新人薪资待遇情况通常怎么样呢?

·3~5年之后通常Title和待遇会有什么样的提升?

・通常假期是如何安排的呢？

（2）职业状态类：

・您能帮我描述一下这个职位新人通常一天的工作内容／状态是怎样的吗？

・通常这个职位的晋升空间和晋升周期是怎样的？

・这个行业／职位的人才流动率高吗，稳定吗？

・这个行业／职业的压力可以接受吗，通常什么样的工作人员压力比较大？

・这个职业通常加班多吗，工作和生活的平衡性怎么样？

・您觉得在这份工作中自己能够愉快地付出并享受其中吗？

（3）职业价值类：

・您觉得从业以来，行业／职位给您带来的最大的收获是什么？

・您觉得这个职位给客户带来的价值是什么呢？

・您觉得这个职位给同事们带来的价值是什么呢？

・您觉得个人价值在工作中很好地发挥出来了吗？

・您觉得他人如何看待这个职位，会受尊重吗？

・您觉得在这个职位上可以结交更多的优质人脉吗？

（4）职业发展类：

・您最初为什么选择这个行业、这个岗位呢？

・您觉得学历、专业等教育背景对这个职业发展影响大吗？

・通常职场小白应该怎样做这个职位的职业规划？

・方便问一下您这个阶段的资深前辈接下来对自己的职业规划吗？

・您怎么看待这个行业未来3~5年，甚至更长时间的发展？

（5）求职技巧类：

・您是如何进入这个行业、这个岗位当中的呢？

・您当初是如何准备网申／简历／面试的呢？

・通常可以在哪里找到更优质的求职信息呢？

你也可以灵活补充问题，比如可以介绍其他的访谈对象给我吗？您对我的个人建议是什么？或者把你当时感兴趣的问题提出，注意提问不要涉及访谈对象的隐私，尽量尊重和礼貌地表达。

访谈小技巧：

准备自我介绍。精心准备好自我介绍，并且准确地表达来意和肯定访谈对自己的价值及意义，预先表达感谢。

及时给予肯定的答复。在访谈中一定要及时给予访谈对象正面的回应，积极地表达感谢和表明自己的收获。

准备纸笔，记笔记会使访谈对象感到自己十分受尊重，会使访谈对象觉得他的话对你很有帮助，你很重视他对你的建议，会愿意给你分享更多信息。

注意当与访谈对象有不同看法时，不要随意反驳，而是要虚心请教，"前辈您更新了我的看法，我以前是这样认为的，是不是有点简单？"

访谈结束后一定要把你提前准备好的小礼物送上并表达感谢，这是我们的基本素养，也是让访谈对象持续花时间来帮助你的一个小技巧。

3. 感谢信和及时反馈

记得结束之后一定要尽快再写一封感谢信给对方，表达深深的谢意。同时静下心来复盘这次访谈，评估这次访谈的收获，并判断访谈的一些信息是不是客观有效，是不是已经解决了自己对行业、企业、职位的认知，获得了求职的具体帮助。

在一段时间之后，一定要主动联系给你提供过帮助的访谈对象，同步自己的求职进展，听取进一步的建议。

职业 3D 画像 & 职业人的一天

通过以上职业访谈的三步，可以收集到很多高质量的信息，将这些信息梳理一下，会形成两个更直观的工具。第一个是职业 3D 画像，你可以将职业解析的四个维度进行整理，形成全方位立体的职业画像，然后反馈给访谈对象或其他可以给你专业建议的前辈，进一步完善。

通过访谈中的具体问题"您能描述一下这个职位从业者一天的工作内容／状态吗"，我们可以制作出一个仿真的一天工作时间安排表，同时可以把这个时间表反馈给访谈对象或其他前辈。也可以把个人时间列在时间表中，去获得大家的真实反馈，进而评估生活、学习和工作的真实平衡状态。

"职业 3D 画像"和"职业人的一天"两个工具强烈推荐大家使用，这能够更好地帮助你将信息进行确认，通过把两个工具的结果反馈给访谈者，访谈者可以更正或进行一定的补充，强化职业访谈的效度。

职业访谈是我们求职和职业发展中的一剂良方，我们应当尽量多地开发和储备可帮助到我们的访谈对象。

自我认知与定位

姚女士已经在这个单位工作了两年多，这是她研究生毕业后的第一份工作，领导很善解人意，行业方向也是自己喜欢的。可是姚女士最近却处在一种非常矛盾的情绪当中，最主要的原因是她感觉自己好像丢掉了原来面对工作时的激情，不仅感受不到工作乐趣，也没有成就感，还经常涌起沮丧的情绪。

更让她苦恼的是，她现在找不到成长的方向，每天像个机器人一样，只能被动接受领导的工作安排。她甚至已经偷偷做好了离职的准备，因为她觉得如果再这样压抑下去，不满的情绪早晚会挣脱理性的控制，酿成无法收拾的局面。

一、严重的自我怀疑

其实姚女士不是一个善于表达和宣泄情绪的人。以前在工作中每次遇到不如意的事情，她都会先包容、让步、反思，从不会埋怨、指责或反抗。

现在姚女士已经深陷在自我怀疑的旋涡中，从她对他人的言语表情的过度解读就能看出一二：

领导言语中模棱两可的语气是在质疑我的能力吗？

和同事客气说"谢谢",同事回了一句"虚伪",又发了一个表情,是开玩笑还是讽刺我?

为什么领导不把重要的工作交给我呢?

我的能力是什么,我离开后是否随便一个人就能接替我的工作?

我对自己的期待到底是什么?

面对公司内部的评比,我能打起精神和同事竞争和比拼吗?

面对他人的质疑,我还能再次相信自己吗?

这些疑问一直不停地在姚女士心中盘旋,让她昼夜难眠。

二、从自我怀疑到自我确认

在与姚女士的交流中,有一个问题被我反复问道:"面对别人的质疑,你还会选择相信你自己吗?"

重复问了几遍之后,突然姚女士的眼睛开始放光,仿佛一瞬间找到了答案。她决定选择走出自我怀疑,在自己擅长和喜欢的领域,重新坚定信心。

她在咨询中渐渐明白,不论外界如何给自己反馈,都不能轻易地否定自身,更不能忘记或忽略自己的优势和价值,要尽快确认自己到底在哪个方面擅长,找回失去的自信。

她同时也意识到,自己在迷茫模糊的自我认知下生活了太久,常常用自身的弱点去挑战别人的优势,使自己成就感丧失。

虽然姚女士现在还没有特别清晰地知道自己的优势在哪里,但是她已经初步有了一个逻辑,急切地想进入一个新的天地,遇见那个有着清晰的自我认知、认真发挥优势、努力避开劣势的"更好的自己"。

三、什么是清晰的自我认知呢

自我认知是指对自己的洞察和理解,包括自我观察和自我评价,对自己的想法、期望和个人能力、性格等准确的判断和评估。

清晰的自我认知就是,拥有准确的自我定位,坚定明确的目标,对自己的优势和劣势有高度客观的认识,能够扬长避短,也能够正确面对外界不客观的评价,时刻保持一个良好的发展状态。

一个人一旦知道自己能做好什么，就不会盲目开始工作，更不会把"扬长避短"的发展策略抛诸脑后。朝着自己充满天赋的方向努力，才能够事半功倍。

可惜的是，大部分人只会埋头苦干，在没有清晰目标引导的情况下，在职场中摸爬滚打，却鲜有突出的成绩。

四、寻找独一无二的自己

如果没有清晰的自我认知和自我定位，就容易在自己毫不擅长的领域浪费大量的时间，即便付出超出常人的努力，却仍旧难以成功。

如果你已经受够了平庸，如果你已经受够了凡事都被别人安排，如果你不愿再继续做一个随时可以被替代的无足轻重的人，那么请不要犹豫，迈出接受自己的这一步，从现在开始就请大声告诉自己：

"我是独一无二的。

我是具备独特天赋的。

我愿意现在就开始探寻我的独特之处，并将它发挥到极致！

我从现在开始不再惧怕自己变为优秀的人。

我不再惧怕成为群体中的'异类'。

我要做真实的自己。

我不再患得患失，不论别人怎么看待，我都愿意在失败和成功中坚持拼搏，我终将在准确的自我认知和自我定位的指引下，找到职业目标，实现我的价值！"

在进入下一步之前，请反复、大声朗读上面的文字，做出这个选择，将是你职业生涯当中一个重要的里程碑！

五、自我认知的工具

读到这里，你可能会发现，拥有清晰的自我认知就容易找到属于自己的位置，就敢于主动承担自己擅长的工作，成就也就相对容易实现。

那么我们通过什么样的方式可以更加客观地找到自己的天赋所在，这里给大家简单介绍几个在国际范围内比较常用，也备受测试者认可的职业性格测评工具，测评结果经由专业的测评解读师解读后，可以给测试者提供一个更清晰的指引，帮助求职者更好地了解自己。

MBTI（Myers–Briggs Type Indicator）是荣格基于两种心理能量结合四种心智过程所推导出的八种心智功能。最先由美国布里格斯－迈尔斯母女团队研究，在"心理类型"提出八种主导的心智功能基础上，丰富和细化了荣格所提出的辅助心智功能等其他部分，扩展为16型人格类型。女儿迈尔斯在母亲布里格斯的基础上，又编制相关测验题，将晦涩难懂的荣格心理分析理论，丰富为经过简单培训即可理解的MBTI测评。试图研究人类个性表象中不变的本性，借以发掘个人潜在天赋与职业方向（见表2-2）。

表2-2　　　　　MBTI 16种职业人格类型

ISTJ 检查者	ISFJ 照顾者	INFJ 劝告者	INFP 哲学家
ESTJ 监督者	ESFJ 销售员	ENFJ 教师	ENFP 倡导者
ISTP 操作者	ISFP 艺术家	INTJ 科学家	INTP 设计师
ESTP 创业者	ESFP 表演者	ENTJ 统帅	ENTP 发明家

MBTI中分四个不同的维度，对应的是我们与客观世界的相互作用的区别，性格维度分别是外向（E）和内向（I），信息收集分别是感觉（S）和直觉（N），决策方式分别是思考（T）和情感（F），做事方式分别是判断（J）和知觉（P）。通过不同维度的组合，形成了16种不同的人格类型。通过对MBTI测试结果的专业解读，可以为求职者提供自我认知和职业规划的参考。

六、霍兰德

霍兰德职业兴趣自测(Self-Directed Search)是由美国职业指导大师约

翰·霍兰德(John Holland)根据他本人大量的职业咨询经验及其职业类型理论编制的测评工具。霍兰德认为，个人职业兴趣特性与职业之间应有一种内在的对应关系。根据兴趣的不同，人格可分为研究型（I）、艺术型（A）、社会型（S）、企业型（E）、传统型（C）、现实型（R）六个维度，每个人的性格都是这六个维度的不同程度组合。

七、霍兰德职业兴趣测试

霍兰德职业兴趣测试注重帮助求职者发现和确定自己的职业兴趣和能力特长，从而更好地做出求职择业的决策。

兴趣爱好是职业生涯规划中非常重要的维度，我们在工作中也会发现，当从事和自己兴趣相关的工作时，热情和积极性高涨，但是当从事自己不感兴趣的工作时，心劲儿怎么都提不起来，这也是职业规划尽量要让自己的工作方向和兴趣相吻合的原因。

八、DISC

DISC行为模式理论是一种"人类行为语言"的理论，其基础为美国心理学家威廉·莫尔顿·马斯顿博士（Dr. William Moulton Marston）在1928年出版的著作《常人的情绪》(*Emotions of Normal People*)。马斯顿博士是研究人类行为的著名学者，他的研究方向有别于弗洛伊德和荣格所专注的人类异常行为，研究的是由内而外的人类正常的情绪反应。其之后的学者进一步将这个理论发展为测评，也就是大家所熟知的DISC测评。

DISC四项因子分别为支配（Dominance）、影响(Influence)、稳健(Steadiness)与谨慎(Compliance)，而这套方法也是以这四项因子的英文名首字母而命名为DISC。这就是DISC的由来（见表2-3）。

表2-3　　　　　　　　DISC性格测评工具

D 支配/老板型	I 影响/互动型
S 稳健/支持型	C 谨慎/修正型

利用DISC行为分析方法可以了解个体心理特征、行为风格、沟通方

式、激励因素、优势与局限、潜力等，有助于求职者探索自己的定位及确定自己的优势团队角色。

九、九型人格

九型人格学（Enneagram）是一个关于人类个性的模型，一般将其理解为一套把人类划分为九种相互关联的人格的类型学，当代的理论主要来自奥斯卡·伊察诺（Oscar Ichazo）和克劳迪渥·纳兰吉沃（Claudio Naranjo）。

九型人格不仅可以用作性格分析，同时它也揭示了人们的价值观和注意力焦点，可以帮助求职者真正认识自己，接纳自己的短处，发挥自己的长处。同时对九型人格熟悉之后，也可以快速判断其他与自己交往的人的不同个性类型，从而懂得如何与不同的人沟通、相处，帮助自己在复杂的人际交往中游刃有余。

十、持续思考

除了以上四种常见的测评，大家也可以尝试在互联网上搜索职业锚、艾森克人格测试、卡特尔16PF人格测试、大五人格测试、凯尔西气质类型测试，等等。

不过大家不能完全依赖自测和自评，它们只有通过专业测评解读师的分析，才能给求职者提供一些准确的参考。但不论哪个测评工具，都不能预测未来。最重要的是从此刻开始要经常关注自我认知，通过自我认知和自我定位的思考，找到自己的优势，结合对外部求职信息的深入了解，明确自己短期的求职目标，成就自己长远的职业发展规划。

十一、思考使命

自我认知当中最难的，也是很多人不愿意去想的，或者终其一生都没能找到答案的问题，就是使命。生而为人，一定会不停探索自己的使命，有一个问题也许可以帮我们找到各自的使命——"这辈子活着是为了什么？"

可以现在就放下手头的所有工作任务，立刻找一张纸，拿起笔来，把你所有能想到的内容全都无差别的先记录下来，会发现好像有很多要去做的事情，你要一直写，不要停，直到你写到"让自己都吃惊"！

而让自己都兴奋的目的，往往出现在几次非常困难的思考之后，所以你要坚持，写的过程中遇到艰难时刻不要放弃。也可以使用连续问为什么的方式，我们把这种方式叫3W发问法，就是连问自己3个"Why"，找到根源。

我把这个问题放到了某个问答平台上，短短几个小时时间，就收到了超过100多个答案，从最开始的实现梦想、赚钱、变漂亮、为了父母、孩子、为了不白来世上一次，到为了爱和使命，不一而足。

我试着给每个人留了言，问了他们第二个"为什么"，比如为什么要实现梦想？变漂亮是为了什么？赚钱是为了什么？有人说是为了让自己和家人有更好的生活，有人说是为了祝福别人，为了别人能活着而活着。

紧接着我问了第三个"为什么"，除了为自己和亲人，我们活着还为了什么？

十二、人生目标挑战

这辈子活着是为了什么？

除了为自己和亲人，我们活着还为了什么？

为了达成使命或目标，我从事什么职业能实现，为什么？

随着问题一步步深入，我们的思考也开始转向人生的使命价值。有的人开始发现，自己可以通过某些天赋或后天的努力，去帮助、去成就、去陪伴、去爱一些人，逐渐实现属于自己的使命和目标。

最后一个问题，继续思考什么样的职业可以帮助自己实现使命和人生目标？为什么？

制作一份"职业生涯规划书"

职业生涯规划书的制作将把本章探讨的职业探索和职业规划的所有思考落到纸面上，通过职业生涯规划书的制作，可以帮助求职者完成一份非常实用的职业发展地图。借助职业生涯规划书的制作，求职者将系统梳理自己职业生涯规划的核心和每一个执行的细节，因此，应该学会把职业生涯规划书的制作和维护作为自己定期梳理职业发展的工具。

通常职业生涯规划书的制作要注意：版面要大方美观、格式清晰、字体字号规范、语句通顺、排版规范，可以综合运用图表，同时要确保内容完整。应当结合自我认知与外部环境进行全面分析，明确提出职业目标、发展路径和行动计划。

职业规划逻辑应当合理清晰，且符合实际情况，具有良好的落地性，兼具开阔的视野和独到的见解。

从个人兴趣、性格、成长经历、实习实践、学习生活等内容全面深入进行自我剖析，结合测评结果，总结提炼个人职业兴趣、专业能力、通用能力、价值观，总结个人职业期待、理想，以及优、劣势等。

结合个人内部探索结果，再进行外部职业探索，包括行业、企业、岗位，要做到资料充足，分析深刻。充分理解行业现状趋势，以及目标企业、岗位能力要求、进入门槛、发展路径、工作环境、挑战与机遇等，为职业决策提供充分的依据。

要以自我认知与职业探索归纳为依据，确定个人职业目标与未来1~3年职业发展路径，对于职业目标选择过程要详细阐述，各种终极理想也要进行具体描述。

行动计划要围绕职业规划展开，同时兼具可落地性，核心是为了实现目标。行动计划至少要包括短期与中期的计划，要有明确的阶段目标。作为衡量标准，短期计划要具体、详尽，中期计划要清晰、灵活。同时对个人职业规划做整体的评估以及不足分析，并制订切实可行的调整方案。

"职业生涯规划书"范本

职业生涯规划书

姓　名：_____

年龄跨度：____岁至____岁

起止时间：____年____月至____年____月

撰写时间：　年　月　日

基本资料

姓名：

性别：

出生年月：

籍贯：

学校：

所在院系：

专业：

年级：

班级：

学号：

职业方向：

联系地址：

联系电话：

邮箱：

目录

第一章 自我分析

一、自我分析

二、自我分析盘点（总结）

第二章 职业探索

一、目标职业

二、行业调查

三、企业调查

四、职位调查

第三章 职业规划

一、职业目标概述

二、职业发展路径规划

三、大学生活规划

四、求职计划

五、未来半年主要行动规划

第四章 总结（评估与调整）

第五章 结束语

<h2 style="text-align:center">正文主要内容</h2>

第一章 自我分析

一、自我分析

1）我的性格：（描述）

2）我的兴趣：（描述）

3）我的价值观：（描述）

4）专业能力：（描述）

5）通用能力：（描述）

二、自我分析盘点（总结）

1）性格特点

2）兴趣汇总

3）价值观总结

4）能力汇总

5）综合评价（优势与劣势）

第二章 职业探索

一、目标职业

1）行业

2）企业

3）职位

二、行业调查

1）行业概述

2）行业特点

3）行业趋势

4）典型企业

5）其他

三、企业调查

1）企业概述

2）发展历史

3）业务内容

4）核心产品或服务

5）前景

6）其他

四、职位调查

1）岗位职责

2）能力要求

3）工作环境

4）发展路径

5）机遇与挑战

6）其他

第三章 职业规划

一、职业目标概述

1）自我认知总结

2）外部探索总结

3）最终职业决策

二、职业发展路径规划

1）大学

2）毕业 1~3 年

3）我的终极理想

三、大学生活规划

1）学习计划

2）社团等实践计划

3）企业实习计划

4）实施上述规划的资源、策略综述

四、求职计划

1）求职技能培养

2）简历

3）面试

4）求职时间计划

5）实施上述规划的资源、策略综述

五、未来半年主要行动规划

1）主要目标

2）主要行动

3）资源渠道

第四章 总结（评估与调整）

要实现的目标，要付出的努力，可能遇到的挫折，遇到挫折如何克服

第五章 结束语

第三章　简历制作：通往未来的简历

简历的重要性在求职过程中不言而喻，为什么呢？因为 HR 是通过简历来判断求职者的能力，并根据判断发出面试邀请的。当求职者不清楚简历在使用过程中的奥秘，也不清楚 HR 是如何评判一份简历时，会让自己失去很多面试机会。

简历作为求职的敲门砖，不仅可以帮助求职者获得面试机会，制作简历的过程也可以帮助求职者梳理自己的优势及特点。

可往往求职者自己修改了很多次之后，简历投递出去依然如石沉大海，这到底是什么原因造成的呢？本章我们就来帮助大家建立一个简历制作的系统思维。

简历蓝图，三思后行

制作简历需要蓝图，很多求职者在简历上犯的第一个错误就是"找个模板、提笔就改"，没有事先考虑简历要制作给谁看、目的是什么、投递结果会怎样。

我经常在课堂上将简历比作情书。以前很多人会为追求对象用心写一封情书，如果我们把投简历比作写情书，其实现在很多同学做的简历都不合格。

这是为什么呢？很多同学都只做了一份通用简历，用来投递给不同的企业以及不同的岗位，这就好比一个人写了一封通用版本的情书，用复印机复印了几十份，在食堂门口遇到异性就发一张，这显然很难有好的结果。

所以我们要先明白这封"独一无二的情书"的价值，当 HR 收到一份经过你精心制作，目标明确，只为一个职位投递的简历时，就一定能够在简历库中脱颖而出。

有的同学说，自己没有那么多看起来很优秀的履历，是不是就一定写不出优质的简历了？答案是否定的。我们要清楚校园招聘对同学们的要求，并没有像社会招聘职位的要求那么高，校招的职位要求会充分考虑大学生的实际情况。因此，只要按照接下来的步骤去分析准备，就能够制作出一份优质的简历！

一职一版，高度匹配

经常在一些高校校园双选会上遇到这样的同学：他们拿着自己的通用简历走遍全场，觉得哪个企业有点希望，就上前投递一份简历，但当现场面试官拿到简历后又会微微皱起眉头，原因是简历上并没有写出要竞聘的岗位，也看不出这个同学的简历倾向于什么方向的职位。

而有些同学准备更加充分，他们的简历并非通用简历，而是在查询双选会到场企业名单之后，针对要竞聘的企业职位使用精心修改过的专属简历，我们可以把这样的简历制作方式叫"一职一版"的简历，也就是针对每一个具体的职位，精心调整过的简历。

最能够抓住面试官眼球的，是简历上的"求职方向"，可以精准到"企业—部门—职位"。当面试官看到一份简历上面写着投递自己所在公司的具体职位时，相对就会重视，因为他知道这名同学是专门为此而来的。

通用简历抛开形式不谈，从内容上也存在一个比较大的问题，就是每一份简历都没有体现出准确的求职方向。求职方向绝不仅仅是在简历上写上一个具体的职位，而是从始至终明确的求职目标的佐证和声明，让 HR 能最大限度地发现你的匹配度。

想让自己的简历发挥好的效果，最佳方式就是证明你是合适的候选人，这不仅要从简历制作的角度上出发，还要从前面所学习过的职业探索和职业规划、自我认知和定位等角度出发。先找到自己匹配的就业方向，再针对这些匹配的方向去准备简历时，你会发现自己得心应手，也能够很好地换位思考，站在面试官的角度去审视自己的简历。

切中要害，JD 研究分析

当面试官清楚求职者的求职目标之后，需要逐一论述自己的各项能力和潜力都符合目标职位的要求。如何做到这一点呢，我们要先从分析职位说明开始，也叫"JD 研究分析"。

什么是 JD 呢？JD 是"Job Description"，在招聘中，最常用到的含义是岗位介绍和工作职责描述，这是我们了解一份工作的起点。

要做好 JD 研究分析，需要明确这个职位对应的能力、门槛、潜力等要求是什么，从而对职位的要求和能力进行排序。

首先我们要从 JD 中找到面试官判断求职者胜任力的一些关键点，也可以简化为寻找关键词，在本章"简历书写关键词大全"中，列举了寻找和提炼关键词的方法，大家要提前找到这些关键词。

接下来我们要重视 JD 中体现出的要求或能力的重要程度排序。在残酷的人才竞争中，虽然个人能力都能在简历中展示出来，但某人如果在 JD 描述的核心能力上更佳突出，就会获得更多的机会。

同样需要记住，有时 JD 的要求只是入职门槛，这些标准是用来达到并超越的，不要错误地认为满足 JD 的要求就能够入职，通常面试官要从大量符合要求的求职者中选出较优秀的。如何针对这些要求去呈现呢，接下来我们要结合"知己、知彼"的方式，将最优秀的自己通过简历展现出来。

三种方式展示职业优势

（1）通过 STAR 法则撰写个人成就事件；

（2）通过动词＋宾语＋数字的方式展示工作过程和成果；

（3）通过列表展示并列举工作内容和成绩。

以上所有的方式，均需要体现工作的基本四要素，即工作时间段、工作单位、职务、工作内容和成绩，并尽量在一份简历中使用同一种展示方式。

加分项、减分项的概念

在简历的制作中，加分项、减分项是一种有趣的标签工具，当我们对一份简历进行分析时，可以用这样的方式轻松标记出其中哪些是对求职有帮助的，哪些是不利于求职的。

因此，在修改一份简历时，可以尝试着在简历上直接标注出哪些是求职加分项，哪些又是减分项，标注后就会很容易发现简历提升的空间，再将加分项进行扩写，删除或修改减分项的内容。

推荐的简历布局

一份比较符合面试官思维的简历通常采用如下的信息展示顺序。

求职方向—个人信息—教育信息—工作经验（实习经验）—校园经历—荣誉证书—补充信息。

为什么要采用这样的顺序来布局呢？我们可以试想一下，如果我们是面试官，在面试中谈话的基本框架或顺序是什么，没错，刚好是上面提到的这个顺序，所以采用这样的顺序来布局是比较符合面试官的心理的。

再想一下，如果做一个清晰的自我介绍，最佳的顺序是什么呢，没错，也是这样。

作为面试官，最先要了解的是"你是谁"，然后要清楚你的学历背景，接下来要搞清"你能做什么"，这部分通常通过求职者的经历来判断，在简历的整体把握上，还要回答面试官"适不适合""想不想"这两个关键的疑问点，这部分主要是靠经历的细节所展现出来的能力和潜力，以及经历的连续性、方向一致性和部分荣誉证书的补充验证来完成。

一、如何凸显一段从业经历中的闪光点

当我们去描述一段从业经历时，首先要根据职位的要求找到对应的关键能力，比如调研能力、计划能力、沟通能力、组织能力、学习能力等，再进行充分的展示和证明，这样就能够把从业经历中的闪光点展现在 HR 的面前。

那么如何确保自己从业经历中的闪光点满足求职职位需要呢？这就需要我们对照前面章节的"JD 研究分析"部分，我们不一定要在一段从业经历中展示所有的职位所需能力，可以通过两段或多段经历的展示，尽量满足职位需求，特别是"JD 研究分析"中发现的核心能力，可以通过多段从业经历来重复证明。

二、经历中对原工作单位的介绍

通常的简历，在体现基本要素如"工作时间段、工作单位、职务、工作内容和成绩"之后，还可以对之前的工作单位进行补充介绍。特别是当一些职位的分量不够时，可以通过对原工作单位的规模、荣誉和行业地位的描述，烘托整段从业经历的收获，强调自己在这段从业经历中的成长和接受到的企业文化熏陶。

简历的十二条细则

有些求职者在简历上花费了大量的时间和精力，却事倍功半，做出来的简历连投递的勇气都没有；也有不少求职者在互联网上搜索了一圈之后，被五花八门的各类简历模板和指南弄昏了头。

先来思考一个问题：你的简历能否向面试官全面展示自己的优势？

如果回答是否定的，那么很遗憾地告诉你，你可能已经错过了很多适合的工作机会。

那现在就拿出简历，我们一起来修改，在这之后你的简历将焕然一新，成为成功求职的加速器。

第三章　简历制作：通往未来的简历

一、时刻瞄准求职目标

如果你应聘一份"程序开发"的工作，就没有必要把寒假快餐厅打工的经历罗列在简历中，也没有必要罗列那些不相干的兴趣爱好，因为它们可能不会为你加分。

简历不是自传，面试官没有耐心去感悟你的人生经历，也没有时间去仔细揣摩其中蕴含的能力和潜力。简历是获得面试机会的精准广告，既要精准直接，又要有足够的吸引力，要做到让面试官看过之后就急于想见到你。

二、一职一版

求职从来不是一蹴而就的事情，面试官最不愿意看到的，就是一个人的"生平"，他要的不是你通用版本的简历，而是你精准投递给他的那一份。

仔细研读求职的职位 JD，在 HR 精心撰写的工作说明中寻找所有的蛛丝马迹——"关键词"，这是你能够通过"招聘管理系统"（ATS）的秘籍，你的简历中包含越多和应聘职位相符的关键词，你就越容易通过系统的自动筛选。

三、选好照片

只要你投递的不是欧美的外企，那么国内和亚洲用人单位的 HR 一般都希望可以在第一时间看到你的面容，这是第一印象重要的组成部分，因此如果不是投向具有特殊文化的企业，本人照片尽量不要使用生活照。

其实有些呆板的证件照也不是最好的选择，可以去照相馆预约一位摄影师，让他帮助你选择一套能够凸显职场成熟感的服饰，再配合透着自信的 Pose，完成属于你的第一张商务照，这样你的简历在众多候选人中会脱颖而出。

四、及时更新

也许你的简历已经在很多求职网站中"安了家"，那么你有多久没有去修改和更新它了呢？应养成良好的更新习惯，通常建议已入职场的人士最少半年更新一次简历，正在求职的应届毕业生同学，至少 2~3 个月就要及时更新简历内容。

不仅仅要补充自己的最新经历、技能、证书，也要把随时掌握的求职知识应用在简历中，这样你的简历才能为你保驾护航，让你随时迎接伯乐的光顾。

五、阿拉伯数字

根据统计，面试官65%以上的肯定判断都是来自简历中的数字描述，就好像这个"65%"一样，抓人眼球。所以我们在成绩、收入、业绩、排名、统计数据等方方面面都应在简历中列出。

六、抛弃封面和复杂的模板

不知何时开始，互联网上出现各种简历模板的压缩包，其中很多模板并不实用。有些模板设计很花哨，让面试官浪费宝贵的时间和精力去仔细识别阅读，也有的模板自带封面，而封面上毫无信息含量。

不论是社会招聘还是校园招聘，都要遵从简洁高效的简历设计理念，除非你是设计专业，除此之外的简历都应简洁明了，这样可以让面试官节省大量的时间，从而对你产生好感。

七、巧用黑体字或字体加粗

社会招聘中平均一个职位要收到上百份简历，面试官很难有时间也没有必要仔细阅读每一份简历，能够被系统筛选过再推荐给HR的简历一般只有十几秒的初筛机会，把握住这短暂的时间才能有机会被继续深入了解。

聪明的求职者会将自己最重要的信息使用黑体字或加粗，比如每一段从业经历的时间、组织名称和职务，再或者一些重要的文字或数据，这样HR在快速浏览时可以留意到这些你想要凸显的信息。

八、确保互联网上的信息有利

这里主要讲的是有些求职者会在简历中，写上自己的社交账号或某些个人主页。可最容易让面试官改主意放弃联络的，往往就是你未经打理的社交主页或者朋友圈。所以，求职期一定要确保自己社交媒体中的信息正面积极，最好能刻意维护一下。

九、不要海投

大部分求职网站都会为雇主提供有偿的简历分析功能，其中有一项就是求职者近期一共投递了多少份简历，一些求职者的简历在求职网站的分析信息中，赫然被标注了几百次投递，有的甚至是在短短的一个星期内就投递了这么多次。可想而知，面试官很难再重视你。

要知道面试官可不想电话打给求职者的时候，反而被问："您是哪家单位的 HR，我有点不记得我投递过您这里。"

所以在简历的投递上，要遵从第 1、第 2 条细则，明确目标并辛勤撰写"一职一版"的简历，当面试官看到你投递的简历和职位匹配度很高时，自然会期待与你见面。

十、寻找第二双眼睛

简历一定不要闭门造车，写完之后最好找一位资深人士帮忙指点，不论是小到标点符号的细枝末节，还是大到求职方向的职业规划，都比自己反复检查强得多。

在资深人士的帮助下，你的简历往往会获得提升。简历的诸多细节中，都藏着疏漏，经过专业修改的简历会让面试官对你产生期待，因为你准确 get 到了他关心的点。

十一、邮件发送之前，先发给自己

通常我们建议大家在电子邮件的正文中书写一封求职信，同时将简历以 PDF 格式在附件中上传，但不要忽略的环节是，发送邮件之前，一定要先发给自己进行检查。

收到邮件后，应从收件人的角度重新审视邮件的标题、正文、附件和落款，这样的检查很有必要，特别是不要因为错别字让面试官对自己有所担心。

十二、放松心态、及时跟进

简历已经经过前面 11 条细则的打磨，相信已经焕然一新，接下来就会进入投递和等待阶段，不过我们也不能什么都不做。简历投递以后，要经常查看邮箱，特别提醒要注意邮箱的垃圾邮件，有一些面试通知会因为识别错误归入垃圾邮件。

同时也要保持对职位 JD 的关注，看职位近期是否有更新或变化，以便于自己及时调整或重新投递简历。当然，如果投递一段时间没有任何回复，也要及时通过邮件、电话或即时通信软件了解相关进展，主动出击有时往往可以创造意想不到的机遇。

"Bling-Bling" 的 STAR 法则

为什么要掌握 STAR 法则？

STAR 法则是我们向 HR 推销自己的非常好用的方法，在 HR 眼中 STAR 法则也叫 STAR 检测法，HR 通过这个方法来判断一个求职者的经历是否全面、真实。

对于求职者而言，掌握了 STAR 法则，可以让你按照面试官最喜欢的方式，清晰高效且有吸引力地展示自己与职位的匹配性和胜任力。STAR 法则不仅可以在面试交流中使用，在简历的撰写和润色时，也是非常重要的工具。

STAR 法则的四要素

在简历或面试中，需要通过回忆向面试官展示我们以前做过的事情、经历过的项目或取得过的成绩，但往往在动笔或开口之前，会发现逻辑不是很清晰，因此可以通过这四个步骤来快速梳理自己的经历：Situation（情况）、Task（任务）、Action（动作）、Result（结果）。

Situation：当时的情况，指事情是在什么情况下发生的；

Task：目标或任务，指明确相关从业经历及任务中我们的总体目标或分步骤目标；

Action：动作，指我们具体去做的每一个环节，通常包括分析、讨论、决策、执行、复盘等执行步骤和细节；

Result：结果，指我们最终的执行结果，通常可以通过列举数字化的成绩或总结思考来呈现效果。

下面我们通过两个例子，来展现 STAR 法则是如何完成"个人成就事件"的梳理，并且为简历提供优质经历素材的。

案例一

求职者：王先生，男，33 岁

经历：很多段工作经历中的一段销售工作经历

求职方向：大客户销售经理

首先我们要提炼出四个部分的内容。

Situation：

上一份工作是在一家百人规模的互联网创业公司中，从资深销售专员的职位晋升为销售主管，在工作中被安排负责拓展教育行业的 TO B 销售方向。

Task：

调研教育行业的市场需求情况，独立完成季度销售额 80 万元、年度销售额 400 万元绩效任务，并且持续保持与产品研发部门的沟通，帮助公司及时高效迭代产品。

Action：

（1）用了 2 周时间通过网上资料调研、参加教育行业会议、询问自己的相关人脉资源、200 多通陌生电话拜访，初步完成行业调研，形成有效的行业调研报告，并将报告反馈给产品部门进行产品初步迭代。

（2）制订了详细的任务分解方案，通过月、周、日的详细安排，采用行业协会活动宣讲、重点客户企业拜访、无差别 Cold call 三种业务拓展方式，第二个月进入销售部门业绩排名前三，第四个月成为销售冠军，并在年度内四次夺冠。

（3）在工作中非常注重维护客户关系，特别是已成交客户的关系维护和转介绍，形成了高效的客户维护方法，54% 的新客户由老客户转介绍而来。

（4）在成长为销售主管后，注重员工的绩效面谈及销售技能培训，负责的 5 人销售组全年三个季度获得销售冠军组，其中 3 位同事先后进入过销售排名 Top3。

Result：

（1）通过 2 周时间快速完成新行业的市场规模和市场拓展方式的调研，并形成文字报告，有效促进产品部门进行行业产品迭代。

（2）提前完成季度、年度绩效目标，全年完成销售业绩 534 万元，绩效完成率 133.5%，全年四次获得部门销售冠军（销售部门 60 人）。

（3）工作中注重数字化的计划、总结，形成了新的高效客户关系的维护方法，并成功复制自身经验分享给团队成员。

（4）带领新的销售小组三次获得月度小组销售冠军，小组成员 100% 完成绩效任务，全年零流动率。

通过上面的梳理，我们可以看到，王先生的销售能力是非常好的，但是前后进行对比，王先生这部分工作经历在简历中的体现存在明显差异。

修改前：

曾先后担任销售专员、销售主管职位，工作中能较好地完成市场调研、跨部门协作、年度销售任务，并且带动小组成员一同成长。

修改后：

先后担任销售专员、主管职位。担任销售专员一职时，负责新行业教育方向产品的销售及持续保持和产品部门的紧密沟通。工作初期通过 2 周时间，快速完成新行业的市场规模和市场拓展方式的调研，形成有效的行业调研报告，并将报告反馈给产品部门进行产品初步迭代。

在工作中通过详细的月、周、日计划和三种业务拓展方式，提前完成季度、年度绩效目标。全年完成销售业绩 534 万元，绩效完成率 133.5%，全年四次获得部门销售冠军（销售部门 60 人）；在工作中注重数字化的计划、总结，形成了新的高效客户关系的维护方法。

在担任销售主管期间，成功带领新的销售小组四次获得季度小组销售冠军，小组成员 100% 完成绩效任务，保持团队全年零流动率。

我们可以从修改后的履历中看到王先生销售和管理能力的明确展示。在这里给大家一个建议，如果你有多段工作经历，要把每段工作内容中有相关性的部分凸显出来，让 HR 能够清晰看到每段经历中你特定能力的成长和优势的积累。

案例二

求职者：李同学，女，22 岁

经历：学校外联部经历

求职方向：人力资源招聘专员

首先我们还是提炼出四个部分的内容。

Situation：

学院的外联部刚刚建立初期，没有其他成员，作为之前学生会组织部的优秀成员，李同学通过投票的方式被推举出来创立新的部门。

Task：

要在三周内完成部门的组建、人员的招募、培训工作的组织开展，完成本学期学院多次大型活动的外联拉赞助任务，并且通过平时的宣传，持续为外联部吸纳成员，使外联部成为学校评选的优秀学生会部门。

Action & Result：

（1）通过微信、QQ 群等平台发布成员招募信息，在三天内收集到 65 份申请。

（2）组织 5 场群体面试及 20 人次的单独面试。

（3）从发布信息到招募结束，经过两周时间成功招募到副部长 1 名，成员 4 名。

（4）一周内完成新成员的系列培训工作，以及与学校其他学院相同部门的经验交流活动。

（5）学期内顺利完成学院大型活动，三场活动覆盖人数 3600 人次，帮助学院获得校外三家企业赞助费共 10800 元。

| 全面求职

（6）学期末外联部被学校评为优秀学生会部门，并且在学期末使部门成员从初创时6人增加到11人，覆盖大一到大三年级，人才结构良好。

（7）本人在学期末，通过内部竞聘和投票，成功竞聘学院学生会副主席一职。

通过上面的梳理，我们首先完成了这位同学"个人成就事件"的梳理，如果面试官问起这段经历，可以非常清晰地向面试官展现这段经历的细节和成绩，给面试官留下深刻的印象。

与此同时，李同学的简历部分也修改如下。

修改前：

曾担任学院外联部部长，负责外联工作，成功组织多场学院活动并完成拉赞助的工作。

修改后：

大二下学期开始担任学院外联部部长，工作初期承担了部门成员招募的职责，曾经通过两周时间完成了简历收集、群体面试、单独面试的组织和实施，顺利完成5名新成员的招募工作。

后续组织部门成员进行工作培训与工作经验交流活动，使部门成立三周内便高效投入到工作中，学期内顺利完成学院三场活动，覆盖3600余人次，同时帮助学院获得外部三家企业赞助费10800元。

学期末外联部被学校评选为优秀学生会部门，部门人数增长到11人且人才结构良好，本人也晋升为学院学生会副主席。

我们可以从修改后的履历中看到李同学和职位之间的匹配性，其中提到的各类招聘方式、培训方式、人才结构的搭建等细节经历，都能够说明李同学作为一名大四的应届毕业生，已经具备了让面试官一见倾心的求职优势。

以上给大家展现的，就是STAR法则在面试和简历当中的应用。值得注意的是，STAR法则是帮助大家梳理和总结"个人成就事件"的，大家千万不要把STAR法则梳理出来的所有内容，一字不差地写在简历中，那样难免有些啰唆；另外要注意语句的通顺，不要生搬硬套STAR法则的书写顺序，可以灵活调整 STAR 法则四个要素的呈现顺序，一切为最终效果服务。

简历该不该加入专业课程成绩或毕业设计

当然可以放，简历中如果有必要，可以体现相关度比较高的课程名称及成绩或毕业设计。这样做最大的好处就是，可以让你的简历信息通过"ATS"。

什么是"ATS"？英文名叫 Applicant Tracking System，通常翻译成"求职跟踪系统"。ATS 通常使用 AI 人工智能和大数据的技术手段，快速准确地筛选出匹配度较高的求职者简历，并展示给面试官以便进行下一步的人工筛选。

而求职者要做的第一步，就是确保可以通过机器筛选，尽量让自己简历中的信息体现更多的关键词，这样可以有效增加自己通过机器筛选的概率。

什么情况可以在简历中加入专业课程成绩或毕业设计？

·应届毕业生，不论是研究生、本科或专科

·缺乏相关实习经历

·简历一页纸都写不满

·跨专业求职，列出的专业课和求职方向相关

一、应届毕业生

最适合放课程相关内容的，就是应届毕业生的同学们了。当你列举刚刚过去的大学生活中，最有挑战也最有收获的课程成绩或毕业设计时，是可以向面试官展示你的专业知识和专业能力的。

二、缺乏相关实习经历

如果你的简历连一段相关的实习或兼职都没有，那么你可以大胆地增加课程设计或毕业设计的内容了，这样可以很好地证明你在专业知识的积累上是符合招聘需求的，如果在描述中体现了很多和求职工作相关的内容，也会是不错的加分项。

三、简历一页纸都写不满

如果你的简历连一页都写不满，那么除了课程相关内容，也可以把你的兴趣爱好、生活经历或者校园经历及时地补充进来，比如你可以列举你在社团或学生会的经历。

透过这些校园经历，你可以向面试官展示你的软性技能，如学习能力、沟通能力、组织能力等，这些都可以帮助你树立更加适合的候选人形象。

四、跨专业求职

如果你是跨专业读研的研究生，这时很多本科时期的实习经历可能和现在求职方向不符，研究生期间学习或从事的项目研究比起本科期间的不相关实习，更能体现出你和职位之间的匹配性。

如果你是跨专业求职的本科生，就可以列举所学课程中和求职方向有关的内容，这样可以让面试官了解到，虽然专业看起来不相符，但学习的知识和技能有很多是与职位相关的。

五、什么时候没有必要再放置专业课程成绩或毕业设计相关内容

如果你的实习经历、校园经历或其他相关的内容已经填满了一页简历，并且能够很好地展示自己的相关胜任力，就没有必要保留专业课程成绩或毕业设计了。

六、如何放置课程相关信息

归纳起来有三种放置的方式，一是放在教育信息中，紧跟自己的学校、专业、学历信息；二是放在实习经历或校园经历中；三是专门设立课程成绩或毕业设计的栏目。

至于放置多少内容，要总结一下你有多少课程内容与职位相关，为这些课程排序，相关度越高的排名越靠前，再根据简历剩余的空间来选择放置多少，如果剩余的空间不多但仍需体现，可以只放相关度最高的课程成绩或毕业设计。

七、教育信息中体现

教育经历

某语言大学　英语翻译专业　本科　2017.09—2021.07

相关课程：高级口译、高级英语视听说、商务英语、新闻编译、法律翻译、英美文学、中国文化外译等

如果你觉得这样罗列简历依然很空，可以补充一些信息，或竖列排列：

教育经历

某语言大学　英语翻译专业　本科　2017.09—2021.07

| GPA（平均成绩点数计算）：3.67/5.0（综合排名 7/60）

| 荣誉/奖项：校级三等奖学金 2 次、国家励志奖学金 2 次、优秀学生干部 1 次

| 相关课程：高级口译、高级英语视听说、商务英语、新闻编译、法律翻译、英美文学、中国文化外译等

竖列排列，加上英文课程名瞬间"高大上"：

相关课程

·高级口译（Advanced Interpretation）

·高级英语视听说（Advanced English: Watch, Listen & Speak）

·商务英语（Business English）

·新闻编译（International News Compilation）

·法律翻译（Legal Translation）

·英美文学（American and British Literature）

你也可以凸显你的技能或特点：

教育经历

某语言大学　英语翻译专业　本科　2017.09—2021.07

| 相关课程：

利用课外时间阅读了 20 多本国内外相关的书籍和学术论文译作，形成了自己的翻译、编译思路；

曾经帮助学长在 2 天内完成 14 篇相关 Language and Identity（语言和认证）论文的收集任务，两天内查询阅读的文章超过 100 篇；

担任英美文学课程小组讨论的发言人，制作 PPT 并代表小组发言，获得一致好评。

八、工作、实习或校园经历中体现

当你把课程相关内容放在工作经历的模块中时，就有更大的篇幅详细描述你在相关课程或设计活动中体现的具体能力，这些能力都和求职的职位高度相关，比如以下几个例子。

课程：高级英语视听说（Advanced English：Watch，Listen & Speak）。

·学习能力：在课程期间阅读了 20 多本国内外相关的书籍和学术论文译作，形成了自己的研究应用思路；

·信息收集能力：曾经帮助学长在 2 天内完成 14 篇相关论文的收集任务，两天内查询阅读的文章超过 100 篇；

·沟通领导能力：课程中 6 次担任讨论小组组长，并带领小组高质量完成课程任务，获得老师认可；

·演讲表达能力：课程结束总结时，担任课程小组的发言人，独立制作 PPT 并代表小组面对 60 名同学全英文发言 25 分钟，获得一致好评。

大家可以注意，上面的描述中，明显使用了数字化的量化方式来展现自己的能力，这一点推荐大家经常使用，可以更加直观地展现能力，并且有效吸引面试官的注意力。

九、专门设置课程设计、毕业设计的模块

这个部分大家可以采用 STAR 法则来书写，但要比较正式，在一段课程设计中，应体现"情景、任务、动作、结果"四个要素，注意这个部分大家一定不要单纯地罗列内容。

（注意：以下是个反例，有较大的提升空间，大家一定不要这样来写。）

课程设计（反例）：学生成绩管理系统。

工作内容（反例）：利用 C 语言构建系统，改进或丰富其中某模块的功

能或可以改造此系统用于其他应用。

成果：利用 C 语言，运用链表、文件操作等，实现了学生成绩管理系统，增加了密码登录等模块，可以对学生成绩进行录入、查询、修改、删除、排序、保存等操作，完成基本的教务系统功能，建立后台数据库。

单纯通过这个描述，的确可以了解到一些基本信息，但是如果一个班级中所有的同学都参加过这个课程设计，恐怕都可以这样来写。

如果你只是这样描述项目的基本信息，只能告诉 HR 你做过这个项目，但是做得好不好、有没有体现出什么能力，就不得而知了。

我们可以对上述内容进行一些调整，主要调整两个方面，一个是硬性技能方面体现出更多的技术细节，明显的特征就是技术专业用语的增加，体现出你在技术上相较其他求职者的优势。另一个是软性技能方面，可以通过描述项目经历，体现出你的思维方式、沟通协调能力或信息收集能力等，也可以讲一个克服困难的过程，只要体现的内容和目标岗位相匹配，都将成为不错的加分项。

关于"硬性技能"和"软性技能"，可以继续看下一个章节。

硬性技能 VS 软性技能

这是一个有挑战性的话题，因为很多朋友的简历还停留在描述个人经历的初级版本，而现在要探讨的话题，是建立在与应聘岗位强关联的基础上，如何通过优化硬性技能和软性技能，让你的简历趋于完美。

一、初级版本的简历

这就不得不先回到"初级版本简历"的定义。什么是初级版本简历呢？就是简历中只是从候选人自己的角度，罗列了个体经历，并没有从应聘岗位的角度上出发，重新组织内容并有的放矢的证明。

这样的简历是让 HR 很痛苦的简历，为什么这么说呢？因为 HR 没有办法轻易地从你的毫无目的的叙事中找出这个职位的能力需求，这样一来，你的简历就要耗费 HR 更多的时间和精力去分析，通常会因为无法很好解读而浪费面试机会，所以这样的简历通常是不及格的。

二、中级版本的简历

那什么是中级版本简历呢？这样的简历在设计之初，就会完全参照应聘岗位的 JD 去完成，所以在简历中会体现出很多相关性，当 HR 看到这样的简历时，会很容易找到求职者身上的相关闪光点。

而这些闪光点，恰恰是符合岗位需求的能力或素质，这样的简历会比初级版本的简历更受 HR 的欢迎，因为在 HR 繁忙的简历筛选工作中，可以对你与职位的匹配性一目了然。

但这样的中级简历只能达到 60~70 分，原因是其中内容通常只能证明你可以胜任这份工作，但无法证明你是无可替代的。

三、高级版本的简历

高级版本的简历有很多细节需要提炼和完善，而这一切的目的，就是要向 HR 展示"你是优秀的"！和很多求职者相比，你是无法替代的，同时这样的简历能够清晰地帮助 HR 发现你身上独有的优势，从而更加青睐你。

那如何做到呢？我们先切入其中一点来深入分析，并且从范文中学习如何书写，比如硬性技能和软性技能，通常只强调一类技能的简历最多能达到 70 分，而兼顾硬性技能和软性技能的简历则可以挑战 90 分乃至 100 分！

四、硬性技能

硬性技能（Hard Skills）是指那些可以明显展示出来的有价值的专业领域技术或能力。硬性技能通常和我们在学校里面学习和掌握的专业知识及技能相关，比如外语、会计、计算机程序开发、设计能力、驾驶技能等。

通常硬性技能一旦掌握可以伴随终生，除非你中途放弃或转行。比如你一直在从事财务相关的工作并且获得了相关证书，这会是你职业发展的基石；再比如你是客运车辆的驾驶员，只要你没有严重交通违法行为，你可以一直选择从事这个职业直到退休。

五、硬性技能范例

· 通过英语考试 CET — 4 级、CET — 6 级

- 熟练掌握计算机 JAVA 语言编程
- 具备中级会计师职称
- 熟练使用 PS、AI 设计软件
- 持有 A 本／B 本驾驶执照

六、软性技能

软性技能（Soft Skills）是指那些与个人性格特质相关，通常体现在思维谈吐、情商逆商、人际关系等方面的能力。硬性技能决定着一名求职者是否能够胜任这份工作，软性技能决定着这名求职者将来的发展潜力和晋升空间。

相比更加客观的硬性技能，软性技能显得更加主观一些，但是越来越多的用人单位开始重视软性技能的评估与考察，同时软性技能也关乎着一名求职者未来的发展空间和潜力。

七、软性技能范例

- 具备较强的抗压能力，喜欢充满挑战的工作环境
- 有较强的适应能力，能快速调整自己的工作状态
- 具备良好的沟通和倾听能力，有同理心
- 有优异的时间管理能力
- 有上进心并且属于自驱型人格

我们来具体对比一下硬性技能和软性技能在同一个职位中的表述，下面以一个人力资源岗位为例进行描述。

八、人力资源相关硬性技能

- 良好的简历筛选及面试沟通能力
- 在一个月之内完成 30 名优秀实习生及 2 名中级管理层人员的招聘
- 熟悉多家招聘平台的操作流程及招聘辅助工具
- 为上一家初创企业成功搭建岗位任职资格体系

九、人力资源相关软性技能

- 积极主动思考问题，善于针对问题提出多种可实施方案

·具备良好的人际沟通能力，善于倾听，人缘好

·有多次成功的纠纷调解及劳动仲裁经验，具备一定的抗压能力

·能够在任务紧急且繁重的情况下，依然保持较好的时间管理和任务完成的能力

当然，我们实际的简历通常硬、软性技能会融合在一起表述，应注意标注。

十、工作经历

·具备良好的简历筛选及面试沟通能力，曾经在刚入职一个月之内完成30名优秀实习生及2名中级管理层人员的招聘，被评为年度优秀员工。（硬性技能）

·在上一段工作中，成功处理了多起劳动纠纷，并协助公司与离职员工保持了良好的后续关系，具备一定的抗压能力。（软性技能）

十一、附加技能

·熟悉多家招聘平台的操作技巧，熟练掌握Office系列软件。（硬性技能）

·曾深入学习时间管理技能，能够在工作繁忙的情况下依然保持较好的工作状态。（软性技能）

所以你可以看到日常的简历设计中，硬性技能和软性技能都可以帮助你更好地获得面试机会。那么问题来了，到底哪一项技能更重要呢？

十二、哪一项技能更重要

从上文列举的人力资源岗位事例中可以看到，硬性技能、软性技能都发挥了重要的作用，如果一个员工无法在高压力的情况下保持较好的工作状态，那么他肯定也难以处理好复杂的同事关系，更不用说处理劳资纠纷了。

同样的，对于教师的岗位，光有知识体系，却没有很好的课堂管理和对同学们的深度了解，恐怕也难以称职。

所以我们要有目的性地分配硬性技能和软性技能的展示比重，同时意识到两类技能特有的价值。

十三、硬性技能的价值

硬性技能往往是从事一项工作的必备条件，是入职的门槛。

如果你连基础的设计软件都不会用的话，恐怕一个重要的设计岗位很难接纳你，同样，如果你连驾驶证都没有的话，没有人敢冒险坐你开的车。

虽然软性技能也同样重要，但是有些职位的硬性技能要求就是入职的基本条件，包括我们常见的房产中介的从业者需要经纪人证书等。

所以对于一些要求必备技能或证书的岗位，你首先要突出的是你拥有入场的"门票"，应确保在求职信息中明确体现出自己符合要求。

十四、软性技能的价值

通常硬性技能会证明你有资格或能力从事一项工作，但如果想让面试官觉得你是难得的人才，还需要通过软性技能证明自己很"优秀"，要向面试官证明自己是难得的人才。

对于一些从招聘时就准备培养的人员来说，软性技能往往更能够证明你的发展潜力和品格的可靠性，比如很多企业的"管理培训生项目"，往往对软性技能的考察有较高的要求。

十五、什么岗位比较看重软性技能

比如销售市场、人力资源、售后服务等岗位，这些岗位对求职者的自驱性及人际沟通的能力等都有比较高的要求。

十六、从职位 JD 中提炼"硬性技能、软性技能"

不论是硬性技能还是软性技能，一定在简历制作之初就做到目标明确，那目标是什么呢？就是证明自己是某一个职位的"最佳人选"。

所以我们要学会解读一个职位的 JD（工作描述），从中提炼关键词，这些关键词有的属于硬性技能类，如外语能力、技能证书、使用 Office 软件的能力等；属于软性技能的关键词有抗压能力、沟通能力、时间管理能力等。

只有准确提炼所有的关键词，并深度分析关键词背后的要求，对应地尽量满足所有职位需求，才能最大限度吸引面试官的注意力。

十七、对硬性技能、软性技能描述的技巧

面试官最害怕就是，经验里只写"工作内容"，没有工作成果和突出成绩。如果实习经历中提到的工作内容，只是一些工作名称的罗列，比如一份财务助理岗位的实习只写"负责发票的整理，数据的核对"，但是不写工作做得怎么样、有多好，这会让面试官失去评估的着力点。

再比如突出自己优势的时候，对于自己的能力只写了"吃苦耐劳，抗压能力强"，看起来不仅空洞无物而且有种"复制粘贴"的感觉。

那该怎么办呢？我们已经学会使用"STAR法则"来描述自己的过往经历，或者通过对数据的罗列来展示我们的成绩。

比如你要描述"团队管理"能力时，不要只写一句"具备管理能力"，而是写成"在3个月的项目实施过程中，带领团队8名同事完成了项目从0到1的搭建过程，以120%的业绩额完成项目的测试任务。8名同事虽然之前来自不同的部门，却保持了很好的沟通效率并在共事中保持了较好的团队关系"。

如果你应聘的是某骑行运动品牌的人力资源岗位，你也可以通过对"兴趣爱好"的描写增加软性技能展现，把"兴趣爱好"放对，可以让你的简历或求职信增色不少，具体该怎么做呢？

简历要放"兴趣爱好"吗

一些求职者在选择简历模板时会遇到一个困惑，就是很多简历模板会包含一个部分叫"兴趣爱好"，有的求职者绞尽脑汁也不得要领，把运动、音乐、美术、电影、打游戏，甚至购物作为兴趣爱好写了进去。

我们来思考一个关键问题，你的兴趣爱好是给你的简历加分，还是会给你的简历减分呢？

一、兴趣爱好

通常我们的简历会放自己的教育和工作经历，大家都理解这其中的目的。

可对于兴趣爱好，到底该不该放？该不该让面试官更多地了解自己呢？

有一种情况非常确定，就是当我们的过往经历很少或者不那么出彩时，增加正确的兴趣爱好，可以帮助你展现自己的优势。

但通常我们都放置了错误的兴趣爱好，这也许会让面试官看到简历最后的时候，突然心生疑虑，反而失去了面试机会。比如，当你把"王者荣耀"的段位写在简历当中时，你一定要从头梳理一下，自己是不是真正理解了填写兴趣爱好的重点？

二、区分兴趣和爱好

兴趣（Interests）：兴趣是指当聊起某件事，你自己会觉得非常有意思，也会很兴奋，并且愿意花更多的精力、时间去参与。比如你可以说我对艺术感兴趣，对音乐感兴趣。这可能意味着你喜欢去看画展或者听音乐会。

兴趣可以帮助你树立更符合应聘职位要求的形象，比如当你应聘的是一名设计师时，你说自己对艺术感兴趣，效果就比较好。

爱好（Hobbies）：爱好是指在你的空闲时间，从事的某种具体的活动。比如，你喜爱慢跑，并以此为乐。在简历中加入爱好可以让面试官了解更多你的其他特点，比如你应聘的是某类需要长期坚持的工作类型，那么慢跑、骑行这类的活动就非常适合加入简历。

三、什么时候需要放置兴趣爱好

首先大家要知道兴趣爱好不是简历的必选项，如果你的过往经历已经非常丰富，足够写满一页或一页以上，就没有太大的必要写兴趣爱好。

相反的，如果你实在没有合适的内容去填充简历，连一页纸都写不满，那你可以考虑增加兴趣爱好，但一定要掌握其中的技巧。

如果一家企业的文化是强调个性化和工作生活的平衡，这就表示你可以将兴趣爱好放心地增加到简历中，但如果你早就对一家公司的"996"工作模式有所耳闻，就要慎重考虑你填写了兴趣爱好之后，会不会让面试官有所顾虑。

当你增加了兴趣爱好之后，接下来就要对兴趣爱好做些准备，特别是当面试官追问细节并让你去讲述兴趣爱好和工作的关系时应想好如何回答。

四、5 类可放置兴趣爱好的情况

（1）你的兴趣爱好和求职的公司或职位有高度相关性。

（2）你了解到用人单位尊重并鼓励员工的个性发展。

（3）你的教育经历和工作实习经历不足以填满一页简历时。

（4）你的兴趣爱好可以证明相关良好品格时。

（5）职位申请明确要求必须要填写的情况时。

五、10 大类加分兴趣爱好和一些反例

当你十分确定兴趣爱好会成为你简历的"加分项"，可以帮助你增加获得面试机会的概率时，接下来的问题就是怎么强化自己的兴趣爱好了。

很多人的兴趣爱好很广泛，也有的人几乎没有什么兴趣爱好。要确保我们列入兴趣爱好的内容一定和应聘的工作高度相关。

当然如果你实在找不出相关的兴趣爱好，最好也不要在简历中去填写"打游戏、吃零食、逛街购物、追剧"等，实在没有就不写兴趣爱好。

1. 运动类

考验耐力的运动类型最能凸显一个求职者难得的品质，常见的有登山、骑行、耐力跑等有氧运动，如果你能体现长期从事这样的运动，并且通过健美的身材和精力饱满的形象向面试官进行证明，那就达到了目的。

你不仅向面试官证明了自己的自制能力和自我管理的实力，还通过这样的运动向面试官证明了自己非常适合"需要长期坚持、专注和独立作战"的工作类型，比如管理、编辑写作，还有体育相关工作。记住，任何职位都喜欢充满活力的求职者。

2. 团体运动

描述你在团体运动中的成就，可以帮助你树立具备 Teamwork（团队合作）精神的形象。如果你是团体运动中的 Leader（领导者），那么自然也会让面试官想象到你在运动场上飒爽的身姿，并且联想到你在运动中带领或配合整个团队取得成绩的画面。

描述团体运动，比如足球、篮球等，并且向面试官展示你在运动中的领导能力和团队协作能力是非常重要的，这样的运动特别适合如市场类管理、部门主管、销售类工作等。

3. 外语类

外语类的成绩和证书以及相关经历往往能够让面试官联想到你的学习能力，每个职位都非常欢迎学习能力强的求职者，因为学习能力强的人具备很强的适应能力，并且具备主动解决问题的意愿和技能。

不仅仅国际化的工作非常欢迎有语言能力的求职者，很多外企和涉外的工作岗位也非常看重这项优势，包括国际旅游、外贸等相关工作。很好的外语能力也可以说明你是具备较强意志力和学习能力的求职者。

4. 艺术类

艺术类的爱好往往让面试官能够很快发现你的创造力和对细节感知的能力。特别是和用户体验、设计相关的岗位，比如UI、UE等，当然，这些能力在很多活动策划和展会策划岗位也很受欢迎。

5. 新媒体类

比如你有自己的人气Vlog（视频网络日志）、公众号等各类新媒体账号，特别是当你的一些自媒体内容集中在相关的行业或职位方向时会更有优势，同时坚持更新的自媒体也会让面试官看到你对行业职位的思考和经验的长期积累，大V还可以凸显自己的行业影响力。

如果你在寻求新媒体、广告策划、市场营销等职位，要展现出创作能力、组织能力和部分技术能力，那在你的简历中放入自媒体的链接再好不过。

6. 旅游类

如果你是个旅游爱好者，通常你可以展示更多的包容性、开阔的眼界和冒险精神。当你把旅游爱好放入简历时，可以更好地证明你适合经常性国内外差旅、国际化团队和需要对多元文化有了解的工作岗位。

7. 音乐类

这里说的不仅仅是欣赏音乐，而是真正演奏某种乐器或音乐创作的爱好。音乐类爱好会展现自制力、创造能力和综合修养，特别适合需要创造力的岗位。

当然以前我也遇到过个别把音乐列为爱好的求职者，当问及一些乐理和弦常识的时候，却哑口无言，所以大家要确定自己具有一定的水平之后再填写音乐类的爱好，否则会给面试官留下做事浅尝辄止的不良印象。

8. 游戏类

游戏类兴趣并非不能放入简历，但在国内求职最好只用在和游戏相关的岗位中，比如游戏策划，游戏 UI、UX，游戏运营等岗位。当然如果你能体现出对一款游戏设计的深度思考那就更好了。

如果是应聘外企，部分企业能够更有包容性地看待游戏中的能力体现，比如逻辑思维能力、快速反应能力等，特别是互联网公司是可以接受这样的兴趣爱好的。

9. 志愿者类

当你把一些志愿者类的工作放入简历时，也是自己价值观体现。这类兴趣爱好对奉献精神、时间管理的能力、公德心等都能很好地体现，如果你应聘的岗位属于非营利性组织、社工组织或者是非常具备社会责任感的企业，那就很适合填写。

10. 社团、协会类

如果你应聘文字编辑类的工作，自己刚好还是某作家协会的会员，这就是非常重要的加分项。当然如果你还没有毕业，增加一些学校社团的经历也是可以的，前提是这类爱好和公司职位高度相关。

六、不该放的兴趣爱好

有时不放兴趣爱好也是一种明智的选择，有的同学写了"刷剧"，这可能会给面试官传递一个错误的信号，就是这名求职者可能更喜欢轻松的工作，而不能够很好地适应有压力的、需要自驱的工作方式。

5类不建议放置的兴趣爱好如下：

（1）反社会的、不文明的兴趣爱好。

（2）和政治、宗教相关的兴趣爱好。

（3）不符合求职企业文化的兴趣爱好。

（4）不符合求职岗位特点的兴趣爱好。

（5）缺乏目的性的兴趣爱好。

七、如何在简历中撰写兴趣爱好

即便兴趣爱好再吸引人，也不能喧宾夺主，兴趣爱好通常放置在简历的最后一个部分来展示。

之前遇到过一名求职者，她非常想突出自己的学习能力，于是把自己在摄影社团中从新人成长为技巧熟练的老手的经历进行了大篇幅的描述。可她应聘的是银行综合柜员的岗位。面试官最终放弃了她，理由是面试官担心她有可能会去从事摄影师的工作。所以她不仅没有展示好对新事物的学习能力，反而用本末倒置的兴趣比重，给面试官留下了不好的印象。

八、关于兴趣爱好的范文

韩语TOPIK（韩国语能力考试）三级：自学韩语4年，通过韩语TOPIK三级，暑假曾经在韩国以交换生身份交流，可流利使用韩语沟通。

旅游：通过兼职、实习的收入，完成了东南亚多个国家的独自旅游，锻炼了旅游规划的能力，增加了自己对不同文化背景族群的了解。

自媒体：拥有一个15000名粉丝的Vlog账号，现已发布20段自行策划、拍摄、剪辑的Vlog，其中"10万+"播放量的视频有2段。

这是一名应聘旅游线路策划岗位的应届毕业生同学的兴趣爱好，可以看到在她的描述中，不仅选择了适合的兴趣爱好，还通过详细的描述证明了自己的实力。

九、可以写入求职信或摘要中

如果你的兴趣爱好真的很有内涵，又不能放在简历最重要的部分去展示，该怎么办呢？毕竟简历的初筛阶段，HR通常只有很短的时间，很有可能会忽略这部分内容。

你可以选择将兴趣爱好写入自己的求职信中，在求职信中进行重点体现。如果你的简历采用带有摘要的格式，可以把自己兴趣爱好简短地填写在摘要中。

比如你应聘一个设计岗位，之前曾经在绘画上有一些突出的成绩，建议将这样的内容提前写在求职信中或简历摘要中。

十、如果不写兴趣爱好，简历还能加点什么

如果你的简历内容还是不够，而且也没有合适的兴趣爱好，该怎么办？你可以把简历的最后一部分改成"职业规划"，充分利用简历的空间，向面试官展示你未来的工作计划和发展规划。你的规划一定要贴合这个职位的发展规律，符合应聘企业对这个职位的期待，这样你依然可以获得一份不错的、内容充实的优质简历。

简历书写关键词大全

随着招聘管理系统的普及，越来越多的企业选择或准备使用电脑来进行简历和网申的信息初筛，机筛中约有 70% 的简历因为竞争力体现不够而被放弃。在校园双选会中，你的简历虽然可以直接投递到 HR 手中，却也经常在十几秒钟的浏览后让面试官迅速失去兴趣，主要原因就是对关键词这个技巧没有充分理解。

一、为什么要使用关键词

关键词是很多招聘管理系统最常见的筛选匹配方式，系统在 HR 进行设置后，可以自动筛选出符合岗位"候选人画像"的简历。其中最重要的筛选逻辑，就是关键词匹配。通常，当一份简历和 HR 预设的关键词匹配度越高时，这份简历通过初筛再被 HR 看到的概率就越大。

所以当我们明白了这个道理，就要刻意地让自己的简历或网申信息可以符合招聘管理系统的评估和筛选，其中最容易掌握的技巧就是高效合理地设置关键词。

二、如何寻找关键词

最便捷有效的途径就是你求职职位的 JD（工作描述），留意一个职位的工作描述和工作要求，在这里你总能发现 HR 事先设定好的选择标准，如下图标注出来的部分，就是这个职位的关键词（见图 3-1）。

岗位职责：

1. 掌控各供应商实际产能及营销采购端的下单计划，制定及调整对接生产工厂的产能计划；监控、协调订单进度，确保准时、保质保量完成交付；

2. 指引及监督工厂跟单，对工厂的大货跟进及信息反馈；

3. 大货出成品时，负责去内衣生产工厂验货，对款式工艺、规格尺寸、主辅料跟踪、面料的颜色、布疵等方面进行验收，并通知仓库收货；

4. 定期考核供应商绩效，评估、考核加工厂的生产能力，评定供应商等级。

任职要求：

1. 服装专业，有丰富的服装或者内衣生产工厂跟单经验；

2. 有规范的工作流程；

3. 有相关的管理经验；

4. 熟悉服装生产工艺等。

图3-1　职位关键词

找到了这些关键词，你要做的就是通过一系列的技巧让关键词及衍生关键词出现在你的简历或网申信息中，这样就可以让招聘管理系统给你一个更高的评估分数，获得更高的面试优先级。

三、如何使用关键词

1. 简历使用常见字体

要想让招聘管理系统可以更容易地阅读、抓取你的信息，尽量不要使用特殊的字体，有些字体会超出招聘管理系统的识别范围，会导致你的简历直接失去识别的机会。

2. 尽量使用文字而非图片

同样，能够直接用文本来表达的内容，不用图片，因为系统对图片的识别也有一定的风险，同时在措辞上一定要避免错别字，因为错别字会让计算机无法识别。

3. 综合使用和专业技能、个性、经验相关的关键词

在简历中不论是软技能还是硬技能，都要尽量多地使用关键词。如果职位 JD 中提到某些从业资格或证书、成绩，那更要将这部分信息包含进去。

4. 重点关注行业术语

比如一个程序员的职位，你可以体现"Java、Java Script、C++、Python、Typescript"，也许很多朋友完全搞不懂这些是什么，但这些恰好是 HR 希望在程序员的简历中看到的，也是会被设置到计算机筛选的关键词词库中的。

不论应聘的是初级的工作还是高级的工作，实习或者正式工作，适度突出这样的关键词，会展现出你有专业的学识或技能，至少可以体现你提前做了功课，很重视这次求职。

5. 衍生关键词

什么叫"衍生关键词"呢？你可以理解为一个关键词的同义词或者近义词，是由某一个关键词衍生出来的相关性很高的词汇。比如"程序员"可以衍生出"开发人员""开发者""软件设计师""系统架构师"等，甚至还可以称自己为"码农"，这些都可以。

把这些衍生关键词都包含在简历中的好处是，不论 HR 设置了哪一类关键词都可以精准匹配。具备相关或相近的词义的关键词，都会增加你在某一方面能力的评估分数，比如一份只提及了一次和另一份提及了三次相似关键词的简历，通常后者将获得更多机会。

当然，使用衍生关键词还有一个好处，就是当简历最终被 HR 看到时，不会被轻易识别出你在"堆砌"关键词，这样 HR 不会怀疑投简历是否有作弊的嫌疑。

6. 简历、网申和求职信中都适用

同样的思路也被应用在网申信息的填写和求职信当中，将这些高质量的

关键词有节奏、有策略地分布在所有求职信息中，不仅可以让你更快地通过计算机筛选，也可以给面试官留下深刻印象。

7. 禁忌

简历中过多使用图片。减少图片的使用，特别是在某些简历模块的标题上，以免计算机无法识别，最终导致你的简历相关部分内容丢失或匹配到不同的关键词库中。

8. 关键词过度堆砌

适度地在求职材料中重复关键词是不错的办法。但不要在一段描述中，过多地重复使用同一个关键词（超过3次），即便这个关键词很重要，也会让一些设置了防作弊机制的招聘管理系统将你列入"搜索优化过的简历"黑名单当中。

并且，相同的关键词被反复使用，也会造成HR的阅读困惑，乏味的词汇和经历的缺乏可能会变成给面试官留下的最终印象。

应聘教师岗位的求职者，如果觉得"教学管理能力"这个词出现次数太多，可以采用上文提到的"衍生关键词"的方法，将其他重复的描述换成"课堂管理、课程管理、学员管理"等。

9. 透明字体的把戏

有些计算机高手在深谙关键词筛选的奥秘之后，竟然将SEO（搜索引擎优化）的技巧用在简历投递中，换句话说，他们把一个重要的简历关键词设置为透明的颜色，这样肉眼就看不到了，但是机器却能读取到文本，从而增加简历的匹配度。

千万不要这样做！一旦被发现，面试官将会给你贴上作弊的标签。记住，诚实是最基本的求职原则！

10. 13大行业，超过150个关键词

下面给大家提供了13个常见行业或岗位的超过150个可以立即使用的关键词库，包括：

物流运输类、会计财务类、行政办公类、商务管理类、IT类、法律类、销售市场类、教育与人力资源类、建筑维护类、创意与文化类、客户服务与零售类、工程类、健康护理类。

注意，这里提供的并不是必备关键词，只是一个收集关键词的思路和方法。

物流运输类

规划能力、时间观念、团队协作、沟通能力、驾驶执照、安全意识、管理能力、分析能力、管理类证书、协议制订能力等。

会计财务类

账户管理、业务管理、定量分析、定性分析、风险分析、财务报表、审计能力、融资经验、会计证书、CPA、CFA、CMA、ACCA 等。

行政办公类

数据处理、Office、PYTHON、管理能力、规划能力、时间管理、沟通能力、文案能力、商务展示、打字速度、翻译能力、外语水平、档案管理等。

商务管理类

逻辑思维、沟通能力、谈判能力、业务分析、形象管理、方案制作、客户拓展、市场洞察力、公共关系、MBA、Six Sigma 咨询等。

IT 类

敏捷项目管理、数据分析、数据挖掘、数据保护、逻辑能力、动手能力、耐心、抗压能力、C 语言、C++、PYTHON、SQL、IOS 咨询等。

法律类

合同起草、具体法律名称、知识产权、辩论能力、质疑能力、表达能力、逻辑思维、情商、逆商、冲突解决能力、诉讼软件、法硕、法考等。

销售市场类

SEO、营销策略、社会化网络、品牌管理、数据分析、运营管理、销售意愿、沟通表达、财务预算、Cold Call、业务管理等。

教育与人力资源类

智慧教育、课程规划、课堂管理、教学管理、课程设计、演讲能力、沟通能力、招聘系统、ATS、面试技巧、外语能力等。

建筑维护类

建筑设计、建筑声学、工程管理、施工、手工工具、电动工具、器械操作、安全规范、职业证书、故障排除和诊断等。

创意与文化类

艺术、设计、美术、雕塑、歌唱、表演、写作能力、创新思维、审美能力、新媒体、Photoshop、Illustrator、InDesign等。

客户服务与零售类

投诉处理、沟通能力、抗压能力、耐心、客户满意度、产品展示能力、数据输入、数据分析、形象管理、销售点操作等。

工程类

投标准备、电气系统、危险性评估、原型制作、技术图纸、三角学、MATLAB、项目管理、工程管理、适应能力、职业认证等。

健康护理类

资格证书、病人护理、体检报告、X射线、生命体征、疾病分类、紧急处理、心肺复苏术等。

如何写好求职信（Cover Letter）

如果你的求职工具只有一份简历，那么你可能从来不知道这份被外国人称为"Cover Letter（求职信）"的东西到底是什么。在求职中，多一封这样的求职信能起到什么作用呢？

一封引人入胜的求职信，可以让每天审阅大量无聊简历的面试官突然眼前一亮，它是人与人的直接对话，是对书写对象真情实意的表白。

一封展示你特别之处的求职信，可以让你从无数求职者中脱颖而出，帮助面试官在浏览简历之前，就看到你比其他求职者更用心，更将你的优势提前展示在面试官面前。

一封真诚的求职信，甚至可能让你获得一个原本无法企及的面试机会。很多大公司的面试机会是有一些门槛的，当我们的硬实力的确没有达标的时候，一般会被淘汰掉。

而写在简历前的一封求职信，却有较高的机会为你争取到宝贵的面试机会。

一、要不要写求职信

找到答案并不难，如果你发现自己除了一份简历还有很多要补充的信息，或要讲给面试官的话时，就需要写一封求职信；如果你想在众多求职者当中脱颖而出，那你也需要一封求职信；如果你的硬件条件不满足应聘单位的要求，你却不甘心，想多一份机会，你就更需要一封求职信！

二、神奇的求职信

传统的求职信，通常在投递简历时同时单独用一张纸来写，这封求职信会为面试官提供求职者的工作经历、工作技能、兴趣爱好、求职意愿等信息，配合求职简历，让面试官对求职者有一个更全面的感知。

现在电子版的求职信比较常见，在通过电子邮箱发送简历给面试官时，可以将求职信作为邮件正文，把简历作为附件来发送。记住，如果你真的有一些话想在面试官看简历之前对他说，请认真写这封电子邮件求职信。

三、求职信的作用

其实求职信的目的只有一个，就是说服面试官给你面试机会，并最终拿到Offer！所以我们一定要清楚投递的岗位JD中，到底哪些是核心能力要求，在求职信中将自己塑造成面试官心中理想的录用对象。

我们通常要在求职信中提炼最精彩的经历来证明自己，并且从一个极富说服力的角度展示自己的优势，这样就会增加获得面试的概率。

四、求职信里该写什么

试着想象一下面试官在阅读你的求职信时，什么内容可以激发他/她的兴趣，迫不及待地想和你见面？如果这样做有点困难，你也可以先在一张纸上列一下自己有什么核心技能、优势和亮点，透过这些试着发现自己的独特优势。

五、一定要证明自己是能够解决问题的人

以前培训的时候，老师经常会告诉大家要有正确的求职心态，公司为什么要聘用我们，给我们发薪水呢？就是因为我们可以帮助公司解决问题。换句话说，当我们没有展现出解决问题的能力时，面试官通常也不会给我们面试机会。

六、要解决什么问题

最容易找到这些问题的方法，就是对一个职位的说明进行仔细阅读。要知道每一个职位说明（JD）的发布都是经过了用人方精心思考才作出的描述，这些文字中可能凝聚着这个岗位最核心的能力需求，也可能是岗位的优秀工作者的能力缩影。总之，当你在求职信中明确告诉面试官你能解决这些问题的时候，你就有很大概率获得面试机会。

不同的岗位要解决的问题可能不同，比如销售岗位要解决的问题是卖掉公司的产品或服务；市场岗位要解决的问题是让产品或服务众所周知；人力资源岗位要解决的是公司运营中人才相关的问题。

当面试官确定你就是那个能够解决问题的求职者的时候，自然就会给你面试机会，因为你向他证明了这三点：

首先，你是专业的。通过阅读职位说明，你已经准确分析了工作要解决的问题并且表示能够胜任。

其次，你是认真的。你不是在海投多份简历碰运气，而是在认真对待这次面试机会。

最后，你是值得的。你是值得面试官花时间联络或见面的，这也是求职信的最终目的。

下面给大家展示一名求职者的求职信部分内容，他应聘的是 HR 岗位，主要负责新项目人员的招聘和配置。我们来看在他的求职信中，是怎么让面试官了解到他有能力解决这个问题的。

"经过仔细阅读您发布的JD，我了解到当前公司面临的问题是，新项目与公司之前的主营方向不同，亟须熟悉这个行业方向、有相关人才资源储备的HR。

我毕业后一直从事某某行业相关方向的招聘工作，在过往的工作中我非常注重行业人才资源的储备积累，熟悉行业人才的求职渠道及聚集地，这刚好可以为贵公司新项目团队的快速搭建尽一分力，如果我有幸加入贵公司，一定可以迅速上手，更快地完成新项目的招聘工作。"

七、如何证明你的能力出众

一旦你已经明确了职位要解决的问题，接下来你需要证明的是，你有能力解决这些问题。那怎么能够证明呢？

分享给大家三个可以写在求职信当中的、最直观的方法。

超额完成的工作成绩：你有没有曾经超额完成的销售任务、提前完成的生产任务、提前完成的项目开发、超额完成的利润目标，或以更低成本完成的采购计划，如果你是服务人员，你有没有更高的服务满意度？

来自他人的认可：你有没有获得过大家的认可，来自领导、同事、客户、老师等各方。

荣誉奖项、荣誉称号：你有在某些大赛获奖吗？或者你有获得过公司的年度优秀员工、销售冠军吗？等等。

八、如果我"词穷"了，该怎么办？无非是没经历或不出众

如果你是应届毕业生，没有实习经历，或者你在之前工作中的表现并没有很亮眼，好像求职信就没什么可写了。千万别放弃，恰恰因为你的简历不是很"优秀"，更需要我们在求职信中对某些部分进行强调，该怎么做呢？

你要针对"蓝领工作"和"白领工作"做不同的展示策略。

蓝领工作：可以从工作匹配、学习能力和成长速度三个方面去对应展示。

白领工作：除了上述三点，还需要展示你的学校、学历和专业学习的获

奖情况，有相关荣誉证书更好。

下面这个案例，是我之前辅导过的某外国语大学同学，应聘翻译工作的求职信片段。

"作为外国语大学德语专业大四的学生，我在四年的学习中积累了丰富的口译、笔译经验，也曾经在社团中担任项目负责人，带领小组成员完成了多份德文专业期刊的编译工作。

大三时，我作为交换生到德国留学一年，留学期间我充分利用时间，完成了学业规定的访谈、调研和写作项目，最终顺利完成了两万字的德语论文，获得了德、中导师们的一致好评。"

记住，应届毕业生大多在同一个起跑线上求职，不是所有人都具备丰富的实习经历，用人单位往往也会考虑应届毕业生的实际工作经验，不会有不切实际的期待。

九、礼貌而直接地要求回信

记住，为了体现你的专业性，且不影响你的谈判筹码，你一定要礼貌而直接地要求回信。不要露出很急迫、渴望甚至是祈求的心情，那样会失去面试优势，毕竟你真诚地写了一封信，面试官通常也应当有礼貌的回复。

记得一定要在求职信里留下你的联系方式，电话、邮件、微信号等，这样便于面试官随时以他习惯的方式联系你。

在求职信的结尾，你可以这样写：

"附件是我的简历，简历中有更详细的履历和专业能力的信息，我很期待能和您在面试中再次交流，您可以随时通过电话或邮箱联系到我，真诚期待您的回信。"

十、常见求职信的注意事项

准确的称呼：通常从职位说明中可以找到邮件的接收者是谁，所以尽量以准确的称呼来开头，如果 JD 的页面没有提示，也应尽量通过企业官网或总机电话进行查询，准确的称呼是求职信不可忽略的第一步。

讲人话、有个性：求职信不要写得像简历一样正式，更别写得像一篇作文。有人情味是一封求职信成功的关键，就像你要给朋友或长辈写一封信那样。尽量别在求职信中使用书面用语，而是采用口语化的表达方式，让面试官有听你娓娓道来的感觉。我们也鼓励求职者加入一定的个人风格，只要不让人觉得很怪，保留一些个性的特点，会对求职信有一定的加分作用。

太长或太短：通常大半页纸的求职信长度是比较适合的。超过一页的求职信会浪费面试官的时间，不足页面一半的求职信又会显得轻率。

当然还有一些要注意的问题：离职原因不要写贬低原工作单位的内容，这会让面试官担心你将来也是一样；不要写薪资预期，这会让你看起来唯利是图；千万不要夸大经历或虚构内容，面试官都是挤水分的高手，一旦发现你作弊，跳进黄河也洗不清。

记得检查错别字，最好试着出声读一下，感受一下真实的情感。不要一封求职信写给两个人；不要奢望每一封求职信都会被人认真阅读，但仍要认真坚持！

十一、百变求职信

除了通用版本的求职信，我们在很多不同的情况下，还会用到更有针对性的求职信。

Email求职信：写在邮件当中的求职信，是较为常见的情况，除了纸质版的求职信，我们用邮件去投递简历时，可以将求职信当作正文，再将简历以PDF的格式在附件中上传。

他人推荐信：对于可以取得联系的面试官，尽量找德高望重的领导或者前辈帮忙写一封推荐信，有了这封推荐信，就可以替代自荐求职信，是不可多得的信任加分项。

换行求职信：隔行如隔山，这是很多面试官心中的惯性思维，所以看到简历中过往行业不同的求职者，往往会直接放弃，这时就需要一封特殊的求职信，将两个行业之间的共性、相同的工作能力和可迁移的经验提前展示给面试官，往往很有效。

搬迁求职信：如果自己之前在一座城市，现在搬迁到另一座城市，一封这样内容的求职信，会让面试官了解到你的搬迁情况，减少疑虑，如果你的新住址刚好离求职企业的位置比较近，则会让面试官了解到你工作的便利情况。

内部求职：通常发生在大集团公司中，你希望从现在的职位换到同一家公司或集团中的另一个职位，这时通过求职信可以清楚地说明这一情况。

意向求职信：如果你心仪的企业当下没有发布的职位，你是否可以尝试去预定一个职位呢？没错，这类求职信是在查不到公开的职位招聘时，可以尝试的方式。试着和HR去建立联系吧，也许刚好他即将寻找一个像你一样的求职者。

一篇有温度的通用版求职信范文如下：

尊敬的张先生：

您好，非常感谢您在百忙之中浏览我的自荐信，我叫某某，想要应聘贵公司的市场策划主管一职。希望您能够在这篇自荐信当中，对我这个快乐的胖子有所了解，我"圆润"的身体里是一颗充满想象力的心。

我是个"95后"，从小热爱动漫和游戏，但是我有很好的自制力，没有沉迷动漫和游戏。二次元的世界培养了我天马行空的想象力，大学时我义无反顾地选择了市场营销专业，在校期间，我先后在校电视台、校社会实践社团担任部长，参与策划的晚会、展会和漫画展获得了老师和同学们的一致好评。

毕业之后，我进入了某公司，实习后直接以管培生的身份留用，工作期间，我用了约一年半的时间先后在四个岗位中轮岗历练，最终我选择了市场部的活动策划一职。工作的三年中，我多次接受新产品、新项目的市场任务，出色地完成了多次本市家喻户晓的市场营销活动，并被媒体报道。从活动的前期调研、营销方案的策划、活动的落地执行和后期的详细复盘，我都能高质量地完成，去年还被评为集团年度优秀员工。

但遗憾的是，老东家因为国家政策调整，已经于上个月中旬宣布解散了。我作为一名市场人，觉得自己应该继续勇敢地追求自己的职业理想，乐观积极地面对下一份工作的挑战。

上周在某网站上看到贵公司的招聘职位后，我非常高兴，因为我一直在关注贵公司的动态，特别是这次的新项目在细分市场非常有潜力，而我之前三年都在从事该细分市场的市场营销工作。在仔细研究过职位JD后，发现我的很多行业资源和工作经验可以直接应用到这个新职位中，应该很快就可以为公司新产品的上市尽一分绵薄之力。

我知道作为一名市场人，需要具备全面的知识和能力，要有面对困难的决心和毅力，而我恰恰有不服输的性格，愿意接受挑战，我会以我专业的学习背景和积极乐观的心态，全力以赴完成公司交给我的任务。附件是更详细的简历，其中有关于上一份工作的详细总结和一些活动媒体报道的信息，我很期待能和您在面试中再次交流，您可以随时通过电话、微信或邮箱直接联系到我，期待您的回信。

某某　某年某月某日

跨行业／跨专业求职信

跨行业／跨专业求职是一件非常有挑战性的事情，光是想想自己的简历和一堆充满相关经验的简历在一起对比，就已经让很多人失去了尝试的信心。

这时我们就需要调整一些求职信的内容，让HR在打开简历之前就先看到我们精彩的陈述，提前打好"预防针"。下面就带大家来学习如何写好一封跨行业／跨专业求职信。

不论是跨行业还是跨专业，或是寻求一些通用岗位的工作，候选人最担心的往往是自己如何在一群资深人士当中脱颖而出，但当他们看着自己毫不相关的过往经历或者专业方向时，不禁会问自己，"面试官凭什么给我机会？"

如果你也有这样的打算，希望拓展求职空间、尝试更多的机会，那么一定要在求职信的"表达意愿"和"通用技能"上多做文章。

下面我们就通过四个具体的方法来帮你争取获得更多的关注和更多的优质面试机会。

一、充分展示自己的通用技能（软性技能）

相比硬性技能（Hard skills），软性技能（Soft skills）可以存在于自己的各类经历当中，不论是一份工作还是实习，或者一份兼职或校园活动，甚至是我们的休闲时光和兴趣爱好，都能够提炼出对求职有帮助的信息。

不论之前你是否从事过相关内容的工作或活动，都能找到很多可以助力你获得工作的通用技能，在我们生活的种种经历里它们从来就不曾隐藏。下面是一些常见的通用技能。

- 沟通能力
- 表达能力
- 管理能力
- 创新能力
- 策划能力
- 适应能力
- 抗压能力
- 团队协作能力
- 逻辑思维能力
- 时间管理能力等

还有一些通用能力与语言或某些技术相关，可以辅助多种类型的工作，你都可以体现在求职信当中。

- 外语能力
- 写作能力
- 数据分析能力
- 编程能力
- 调研能力

- 预算管理能力等

简历是你经历的浓缩，但千万不要期待 HR 能从你的简历中轻松发现你的优点，通常都需要你精心准备好。

跨行业求职往往第一个被发现的，就是自己不相干的专业和经历，很多招聘系统和 HR 都会直接将这样的简历放弃，而在求职信中，充分并准确地展示相关的通用能力，是很好的吸引 HR 的方式。

二、强烈表达你对职位的渴望

不要在简历和求职信中表现出自己只是打算尝试一个新的方向，放弃一个旧的方向本来就会让 HR 有些担心你的稳定性，别让他再找到证据觉得你不是很坚定。

也不要同时展现两个相关性不强的求职方向，这些都会让 HR 疑惑，加快他作出放弃你的决定。

面试官在求职的过程中，不仅考察你的技能和经历是否相符，还要考察一个很重要的部分，就是你的动机是什么。你可以讲讲求职背后的故事，自己是如何作出这样的决定的；哪些事情影响了你，同时要向 HR 表达出你对职位的渴望和热情。这些都是让 HR 更想见到你的理由。

特别是你之前花费在这个专业方向上的时间、精力和财力，都可以证明这是已经经过深思熟虑的决定，你可以提及最近在读的书籍、参加过的相关的实习或者考取的相关证书，这些都是不错的加分项。

三、说明为什么你要跨行业／跨专业求职

首先要知道面试官到底在担心什么，"稳定性、发展潜力、是否能够胜任"是最常见的问题，所以你要在求职信中充分打消 HR 心中的疑虑。

通常你可以从自己长远规划的角度去证明稳定性，向 HR 表达自己是因为什么离开原来的专业或行业，切记不要对之前的专业或工作有负面的评价，同时向 HR 展示你的中、长期职业规划，打消 HR 的顾虑。

从发展潜力的角度，可以充分使用第一个建议中通用能力的梳理，把这个职位最看重的通用能力进行系统罗列，同时在相关专业能力上，你也可以

展示自己的兴趣和现有的积累，比如有些同学虽然专业不符，但专门进行了相关的实习或考取了相关证书。

从是否能够胜任的角度，你可以就自己对行业职位的了解和自己的快速适应及学习能力来表达，通过讲述自己某一次从 0 到 1 的快速适应的经历，让 HR 看到你是可以很快适应并胜任这份工作的。

在求职信中充分将你的职业发展蓝图展现给 HR，并让他看到自己的确是因为过往经历或使命驱使，才坚定地作出这样的职业方向选择，这样的描述会让 HR 觉得如果给你机会，你将会非常珍惜。

四、四个方面证明自己和公司职位高度相关

你的动机、稳定性、潜力和胜任力都已经确定了，HR 还想了解你为什么会选择该单位。我们从四个方面来证明。

价值观。事先做好充分的调研，找到求职单位的企业文化、核心价值观等。当你在求职信中提及这部分内容时，就可以让 HR 更加认同你的最初动机。

知识和技能。同样需要调研好应聘职位具体的工作内容，准确对职位 JD 中所提及的相关技能进行回应，这会让 HR 更相信你具备完成工作的基础。

兴趣爱好。列举和职位相关的兴趣爱好，或者更加直接地表达自己的行业、岗位兴趣，这更能帮助 HR 了解你的自驱力的来源，并认为和其他候选人相比，你会将更多的时间投入到工作中，因为这是兴趣使然。

个性特点。很多职位都有典型的候选人画像，也就是在这个职位上工作表现最好的一类人的特点集合，其中就包括了个性特点，比如研究型的工作更适合相对安静、坐得住的候选人，销售型的工作更适合外向性格的候选人……你可以展现这些加分项。

跨行业/跨专业/通用岗位求职信范本如下：

尊敬的面试官：

感谢您抽出时间阅读这封求职信，我是之前在某网站看到贵公司招聘视频创意的某某。今天向您投递简历，是因为这是我一直以来很心仪的工作岗位。

小的时候我就经常思考电视节目中的故事和创意的来源，选角标准，以及拍摄角度、镜头语言和技术支持等问题。

不过遗憾的是，家庭的原因我大学时选择的是某专业，虽然我也很喜欢，但还是会经常把所学到的知识应用到和视频创意相关的实践当中，我在创意管理、视觉设计、视频编辑方面都积累了丰富的实操经验。

去年暑假，我通过面试，进入某视频制作公司，开始了短视频创意助理的实习工作。在实习中，我和很多知名的演员共事。同时，参与大小创意讨论会10多次，在后期的数据分析中，我参与制作的视频浏览量累计超过100万次，转发分享量也是去年同期的120%。

为了能够更好地胜任这份工作，我每天坚持用2个小时浏览、学习各类视频创作思路，现已累计学习超过500小时。学习之余，我也经常参加各类节目录制的志愿工作，如某知名节目。我满心期待可以在这个岗位上长期发展下去。

最后再次感谢您为我付出的宝贵时间，希望我能够在追求梦想的道路上遇到像贵公司一样的平台，真心希望我可以在这个岗位上创作出更多受欢迎的内容，真诚期待您的答复，希望能够在面试中得到您更多的指教，祝您工作愉快！

某某某　某年某月某日

如何写好英文简历

前面我们介绍了很多关于中文简历和求职信的制作方法，相信很多求职者都能制作出几版充分展示自己优势的简历。但仍有不少求职者困惑该如何制作一版高质量的英文简历，其中不乏一些留学生朋友，均感慨自己很难写出一份好的英文简历。

那是不是先写出中文简历然后进行翻译就可以了呢？答案是否定的。但恰恰很多求职者为了省事，或者因为不了解个中道理就进行了直译，闹出笑话。

一、英文简历的作用

1. 方便外籍面试官浏览

如果你应聘的是没有外语需求的工作岗位，再附上一份英文版简历就有些画蛇添足。而如果应聘的是外资企业、合资企业或国际组织等方向的岗位，这时一份高质量的英文简历就会让面试官觉得，你可能很适应外语工作环境，特别是在面试时有外籍面试官时，英文简历更变成了一份必需品。

2. 外语能力的展示

在辅导英语专业和一些外语类院校的同学时，有时为了让他们更好地展示自己的外语能力，我们还会让有第二外语学习经历的同学们准备中、英之外的第三份用第二外语书写的简历。

做这些准备的目的，主要是在面试官考察外语能力时能够提供更多有力的证明。

3. 申请留学时的必备材料

准备申请留学的朋友，简历是招生委员会重点审核的材料之一。一份高质量的简历会使用最原汁原味的词汇和表达方式，将你的过往学术成就、实习工作经历和其他能力进行浓缩和展示，帮助你拿到梦想学校的Offer！

二、中英文求职简历的差异

不得不说，其实惯用的中、英文简历中，很多方面都是有差异的，不仅是排版，从求职信的使用、内容细节和模块上，都有许多的不同点。

如果只将一份中文简历直译成英文，在以外语为母语的面试官那里就会显得不伦不类，对求职者语言能力的印象将大打折扣。那么，中、英文简历有哪些特别明显的差异呢？我们先来看下英文简历中两类常见的书写形式，

全面求职

Resume（简历）和 Curriculum Vitae（CV）(履历）的区别（见表 3-1）。

表 3-1　　　　　　　　Resume 和 CV 的区别

	Resume	CV
展示偏重	完整能力	展示完整详细的经历
展示内容	工作经历、相关技能等	文凭和科研成果
常见用途	求职使用	学习深造、海外岗位或学术科研岗位
推荐页数	1~2 页	通常页数更多
使用地区	美国、加拿大企业	英国、爱尔兰、新西兰等

通过对 Resume 和 CV 的对比，我们可以从使用方向、展示内容、用途和使用地区等多个维度对英文简历有一些基础了解。

1.CoverLetter（求职信）

求职信。求职信在国内求职的场景中并不多见，很多同学甚至也没有听说过求职信，更没有写求职信的意识和习惯。但是在外企求职的时候，一定要考虑增加一封 CoverLetter，毕竟在北美洲及欧洲求职信是标配，那么相应外企的 HR 也会有阅读它的习惯。

一方面可以通过求职信提前向面试官说明来意，并强调自己的竞争优势，同时借助求职信也可以让面试官了解你的求职意愿，甚至可以在求职信中弥补一些劣势和不足。

2.Summary（总结、概要）

通常中文简历中不会使用 Summary 做一个集中的优势展示，但是在英文简历中，一个好的 Summary 可以让面试官快速勾勒出你的大致画像。

通常 Summary 放置在英文简历中最开始的位置，目的就是增加获得面试的机会。为什么一个好的 Summary 可以帮你获得更多的面试机会呢？因为它阅读起来既简洁又明确，还能快速展示你的潜在价值，同时可以在第一时间让面试官掌握你的优势，以及该应聘企业最匹配的特点。

3. 照片的区别

通常欧美国家求职都不放照片，一方面是习惯问题，另一方面也是避免种族歧视问题。但是亚洲国家比较习惯使用照片，所以我们可以根据不同国家的习惯，选择是否添加照片。

4. 各模块分布

基本信息：姓名、邮箱、电话、地址；

教育经历：学校及学校所在地、专业名称、学历学位情况、毕业时间、GPA、部分在校期间所获奖项；

实习、工作经历：实习/工作单位、单位所在地、实习/工作时间段、职位 Title、实习/工作内容及成绩的详细描述；

校园经历：组织/社团名称、活动项目名称、活动时间段、担任的具体职务、具体内容及成绩的详细描述；

技能爱好：专业技能、通用技能、个人爱好、个人兴趣等。

图 3-2 为一份英文简历范本。

INTERNSHIP RESUME

ZHANG,JERRY

✉ email@gmail.com   ☏ 89555555   ⚲ 43 Smith Dr.,Pittsburgh, PA 09867

RESUME OBJECTIV

Energetic and passionate college student working towards a BS in Marketing at the University of Georgia. Aiming to use my Knowledge of advertising, PR, product development, and consumer research strategies to satisfy the marketing internship at your company.

SKILLS

Social Media Expert   Microsoft Office Suite   Fluent Chinese   AYTM and GutCheck
Time Management   Leadership   Handling Pressure   Collaboration   Problem Solving

MARKETING PROJECTS

PET BUSINESS MARKETING CAMPAIGN
- ✓ Designed a cost-effective marketing campaign for a local pet grooming business that leveraged a combination of social, email, and offline marketing techniques
- ✓ Surveyed pet owners in Athens to collect detailed data on the behavior of our target customer
- ✓ Developed a campaign budget of $1,500 which we estimated to be the minimum cost that would yield the highest return on investment (ROI)

BUSINESS PLAN COMPETITION
- ✓ Entered UGA's business plan competition with a group of 4 classmates to build a mock food truck business
- ✓ Managed all of the marketing aspects of the business plan including industry analysis,customer trends, market growth, positioning, and promotions.
- ✓ Received 3rd place out of the 30 teams that entered the competition

EDUCATION

B.S. MARKETING	GENERAL EDUCATIONAL DEVELOPMENT	DEAN'S LIST	THIRD PLACE
University of Georgia	Athens Technical College	University of Georgia	UGA's Business Plan Competition
Athens, GA			
Expected 2019	2015	2017	2017

图3-2 英文简历范本

以下是另一份英文简历范本。

ZHANG，JERRY

Address Line 1 Address Line 2，City，State Zip | (212) 256-1414 | jerry.zhang@gmail.com

Career Objective

Energetic and passionate college student working towards a BS in Marketing at the University of Georgia. Aiming to use my knowledge of advertising，PR， product development, and consumer research strategies to satisfy the marketing internship at your company.

Education

University of Georgia – Athens, GA

Bachelor of Science in MarketingExpected Graduation Dec 2019

GPA: 3.5/4.0

Relevant Coursework – Marketing Analytics, Marketing Management, Survey Research, Strategic Internet Marketing, and Integrated Marketing Communications

Honors & Awards: Dean's List, Received third place in UGA's business plan competition

Clubs: UGA Chapter of the American Marketing Association, Mu Kappa Tau

Marketing Projects

Pet Business Marketing Campaign

Designed a cost-effective marketing campaign for a local pet grooming business that leveraged a combination social, email, and offline marketing techniques

Surveyed pet owners in Athens to collect detailed data on the behavior of our target customer

Developed a campaign budget of $1,500 which we estimated to be the minimum cost that would yield the highest return on investment (ROI)

Business Plan Competition

Entered UGA's business plan competition with a group of 4 classmates to build a mock food truck business

Managed all of the marketing aspects of the business plan including industry analysis, customer trends, market growth, positioning, and promotions.

Received 3rd place out of the 30 teams that entered the competition

Additional Skills

In-depth knowledge of social media marketing platforms: Twitter, Google+ Facebook, LinkedIn, Instagram, Pinterest

Adept with Microsoft Office Suite

Chinese: Advanced

Familiar with consumer research tools: AYTM and GutCheck

5. 基本信息

基本信息力求简单明了，联系方式准确即可，但要注意姓名的写法，英文中姓名的正确写法是，姓（last name）在后，名（given name）在前，恰好和中文的顺序一致。

向外企投递简历应注意电话要加上国际区号，比如国内的电话需要加上"+86"。

6. 教育经历

教育经历尽量从大学阶段开始写，本科到研究生及以上均可体现。

除了学历和学位，如果有交换生的经历，特别是国外大学交换生的经历也可以体现出来，这些 Exchange Program（交换项目）都是不错的加分项。

GPA 尽量"报喜不报忧"，如果 GPA 的成绩在 3.0 以下，非必要就可以不写，否则会成为减分项。

7. 实习/工作经历

面试官最看重的部分就是你过往的实习/工作经历，这里特别要留意的是，实习/工作经历时间不能太短，通常实习最少要三个月以上。同时在实习/工作经历的撰写上，要尽量将相关度高的经历体现出来，如果实习的职位名称和现在求职的职位相关，那么对于面试官参考价值会更大一些。

在具体工作内容上，我们要分析职位所看重的能力或专业技能，建议大家通过 STAR 法则来描述工作中具体的关键信息，尽量最大化地展示自己相关的优势特长，同时在 Result 的部分凸显你的思考能力和成就。

8. 校园经历

如果你的实习/工作经历不多，只有一些校园经历，那就要认真把这部分经历进行提炼和总结。一方面通过活动的参与和组织，展示你是一个积极参与、热心投入的求职者；另一方面也通过对活动各维度的描述，展现自己和求职方向相关的能力及潜质。

9. 技能及爱好

最后一部分是自己附加的一些相关技能或者兴趣爱好。这里要注意的是，不论写什么都要确保和求职相关，书写的内容可成为求职的加分项即可。

以上就是英文简历的一些常见的注意事项。最后，如果你的英文基础不错，建议先写英文简历，然后再制作中文简历，这样可以确保简历最初的书写逻辑符合英语思维，便于外籍面试官审阅。

第四章　单独面试模拟课：结构化面试

不论社会招聘还是校园招聘，单独面试（以下简称"单面"）几乎是必经环节，各招聘单位的 HR 为了提高面试效率及面试效能，几乎在校招的单面流程中全部使用了结构化面试的方式。

结构化面试不仅可以让 HR 提高面试的效率，使不同的求职者都遵从同一套面试提问的逻辑，也可以让 HR 在多对一的情况下，在不同求职者之间进行对比，形成可参考的统一的标准。

那么这样"有章可循"的面试，是不是更好准备一些呢？

面试准备 5 步法

很多求职者如果按照之前的章节精心准备，应该很快就会收到面试通知，但还是有不少求职者不知道该准备什么，从哪儿入手。

这个章节将详细讲述"面试准备 5 步法"，内容包括：全面了解、印象管理、提前押题、避免紧张、面试跟踪。

一、第一步，全面了解

凡事预则立，不预则废。当获得面试机会时，提前做好了解和准备是通过面试的关键。如果你对自己要求职的企业和职位都不了解，面试官首先就会质疑你的职业规划，认为你是不是一时冲动或者根本就没有认真考虑长远发展。

但如果你事先做足功课，面试官一定会对你更加重视，他会觉得你的求职考虑是慎重的，并通过你的讲述感受到你对企业和职位的浓厚兴趣。让面试官感觉到你的意愿度非常重要，因为求职是相互的，每个面试官都希望自己青睐的求职者同时也对该职位感兴趣，而不是面试官一厢情愿。

1. 如何调研一家用人单位？

登录官网。首先大家可以通过官网大概了解企业的发展过程、主营业务、关联的投资关系等，从而判断这家企业是属于创业公司还是行业的老品牌。通过官网你可以找到企业的愿景和使命，进一步了解企业，以便在面试中更加贴合 HR 的期待。

高管介绍。通过官网和网络搜索，我们有时也可以找到一些企业具体高管的信息，要特别留意自己求职部门的 Leader 或将来的同事，如果有条件，甚至可以通过熟人去打听相关高管的情况，便于自己进行有针对性的准备。

通过搜索引擎，你还可以查到更多关于企业的新闻，从而更加了解各类第三方的相关信息，其中包括各大新闻报道，顾客的评价或者一些离职员工的评语。

如果你找到的多是"好消息"，比如公司获得新一轮融资之类的新闻，那么你可以向面试官表达你的意愿和企业吸引你的地方；如果你找到的是"坏消息"，比如公司最近大面积裁员，你也同样要重视，要巧妙进行询问。首先搞清楚问题出现的原因（为了避雷），其次向企业表达你的看法和你所能作出的贡献。

巧用"问答网站"，比如百度问答、知乎等，同时也可以借助"天眼查"这类企业信用查询网站，确认企业的信用情况，了解前员工对企业的评价等。要注意的是，有时来自竞争对手的"黑帖"也会存在，要甄别后再作出决定。

2.JD 研究、职位研究

JD 是我们求职中重要的参考信息之一，通常 JD 是 HR 花费很多精力整理出来的，不仅可以解读出面试官心目中的"候选人画像"，而且通常 JD 都是提炼了这个岗位过往最优秀的员工身上的特质编写而成的。

所以了解这个职位对求职者的期待，是我们让面试官眼前一亮的基础，通常我们可以通过搜索引擎查询到相关岗位的各类信息，以及很多人之前在类似职位上的工作体验和发展情况，也许你还会发现这个职位的一些问题，可以帮你提前避雷。

通过 JD 的解读，你可以提炼出岗位的很多关键词，而你的简历和面试表现，都应该与这些关键词相符。

3. 面试的阶段

你处在第几轮面试？通常不同的面试阶段，面试官的身份很不一样，面试的重点也不相同。

通常第一轮是 HR 面试，这轮面试主要考察求职者的综合素养和基本的岗位胜任力，尤其是稳定性，常见问题包括年龄、学历、综合素养、基本工作能力、离职原因、稳定性、求职者与领导的性格融合度等。

第二轮通常是主管或直属上司面试，这轮的特点是考查实际工作能力，通常面试官关注的是求职者将来实际工作中的技能和潜力。一般会考查专业能力、技术实力、工作主动性、工作思维、工作潜力和工作配合度等问题。

最后一轮面试通常是高层面试，这轮面试因为有前面两轮面试的基础，高层更加关注的是你的品格和发展空间，同时高层面试也表示对人才的重视。

不同企业的面试流程有些不同，有的企业也会在同一天安排多轮面试，也有在群面之后马上安排单面的，各不相同。不过面对不同的面试官，遵从的逻辑应基本一致。

二、第二步，印象管理

有了初步了解，我们就可以开始精心"打扮"自己了，要知道面试官的"印象分"有时起决定性作用。虽然有时第一轮是线上面试，但依然要特别注意给面试官留下的印象。

一旦第一印象形成，再想更改是比较困难的，通常在见面的短时间内，面试官对你的第一印象就已经形成了。本书第八章将会详述关于印象管理的更多细节。

关于第一印象的构成,包括如下几个方面:服装、仪容仪表、体态、表情、声音、笔迹、姓名、名片、朋友圈、热情度等,远程面试时还涉及你的视频印象。

这些印象形成后就会较难改变,所以一定要引起足够的重视。

三、第三步,提前押题

好多人看到第三步会很诧异,又不是考试,为什么还需要提前押题?有过多次面试经验的朋友肯定能够理解,只要是相同的岗位,即便是不同的企业,HR 问的问题也会有相似性。

特别是在面试的流程上,基本上都是"寒暄、自我介绍、各类胜任力问题、结束问题"的流程,不论是校招还是社会招聘,基本如此。

这样有"套路"的面试,叫"结构化面试",而结构化面试中较常见的问题,首先就是"自我介绍"。接下来几节会讲到"自我介绍"和"常见的结构化问题",大家可以按照里面的范文来准备自己的自我介绍,按照恰当的思路来回答高频结构化面试问题。

四、第四步,避免紧张

紧张是很多求职者参加面试时的感受,有的人平时还好,一见到面试官甚至会紧张到发抖。经历几次失败的面试之后,有的求职者还会患上"面试恐惧症"。怎么办呢?

1. 不要再奢望"不紧张"

很多人陷入了一个误区,就是总想着让自己冷静下来,别那么紧张。但是要知道紧张是人的正常反应。

当知道这是身体对机会的正常反应,并且这样的反应可以帮助加快思维的时候,就可以在面试中有更积极的表现。要知道,兴奋总比在面试中打不起精神要好得多,所以,兴奋起来!

2. 正确理解求职者和面试官的关系

有一个让自己减轻紧张情绪的方法,就是要正确理解自己和面试官之间的关系。求职者要明白，面试官也是员工，也有 KPI（Key Performance Indicator，关键绩效指标），如果完不成招聘任务照样会受处罚，所以面试不仅仅是求职者接受评估，也同样是求职者选择企业和职位，权利是完全对等的。

本章中会提供 21 个可以反问面试官的问题，这些问题可以帮你判断工作的条件和状态，避免因为事先不了解，入职后后悔的情况发生。

所以求职者和面试官之间，是双向选择，是平等的关系。

3. 不要妄自菲薄

不论之前是否有面试经验，或者面试的结果如何，都要避免进入"自我否定与自我怀疑"的死胡同，消除恐惧最好的办法就是"面对恐惧"，要在平时的工作、生活中养成"难题先解决"的习惯，这样可以让你慢慢对有挑战的事情感到兴奋！

其实当你意识到自己处在"自我否定"的想法中时，就是跳出紧张情绪的开始了。每当发现自己开始"自我怀疑"时，应立刻向自己宣告"我比我认识到的自己更好，我要进入自我肯定的通道"，这样就可以慢慢解开悲观想法的捆绑。

4. 提前模拟适应面试

第一次接触某些场景时都会紧张，这是人之常情，而提前有模拟的机会，则是很好的适应方法，所谓"熟能生巧"。当准备好面试官会问的常见问题之后，就可以邀请身边的家人、朋友、学校老师或专业的置业顾问来帮助进行模拟面试。

通常把面试官要问的问题提前准备好，交给模拟的面试官，由他来提问，你来回答即可。不熟悉的问题可以多练习几遍，但要记得及时获得"面试官"的反馈，进而改进自己的面试表现。

五、第五步，面试跟踪

当面试结束后，要学会两个基本的面试跟踪方法，第一个是"感谢信"的方式，面试后会写感谢信的求职者非常少，这也就导致了大部分的求职者其实错失了和面试官加强沟通或解释面试中失误的机会，所以应写"感谢信"，并在面试后及时发出。

面试跟踪还有另一种方式，就是面试结束几天后可以主动询问面试结果，通过"邮件、电话、微信"等方式，以"怕错过后续通知"为由进行询问，这样就可以及时了解面试结果。

当把以上5步都做到之后，就会发现自己对面试有了新的认识，通过"全面了解"做到了不打无准备之仗，通过"印象管理"确保自己有很好的"印象分"，通过"提前押题"让自己做到胸有成竹，同时在面试时"避免紧张"，最后在面试后保持紧密的"面试跟踪"。

写一篇高质量的"自我介绍"

怎样成为面试官眼中"合适的求职者"呢？至少要通过面试回答面试官心中的几个问题，即"想不想""敢不敢""能不能""会不会"等。

想不想，是判断求职者的意愿和驱动力；敢不敢，是考验求职者的勇气和担当；能不能，是考验求职者的工作信心；会不会，是考察求职者的能力、经验、水平。

面试官多久就可以有一个初步判断呢，这个时间比想象的要短很多，有时甚至几分钟就能作出决定。

一、把握自我介绍环节，反转"求职者"地位

和面试官接触的第一环节，几乎都是以"自我介绍"开始。面试官通过你的自我介绍，可以完成对你的第一印象的建立，对"讲话的真实性、是否还有补充信息、求职者的逻辑表达能力、求职意向的判断、沟通风格和时间观念"等多个方面进行初步的评估。

如果你通过自我介绍，就解除了面试官初步的疑虑，构建起一个"不可多得的合适人才"的印象，后面的面试将占据更多主动性，同时面试官也不会使用太过严苛、有压力的方式与你沟通，而是希望能够同样获得你的喜爱

和关注。这样你就成功地从"求职者"变为"选择者"了，从而让自己在面试中处于有利地位。

二、不同时长的"自我介绍"，打好面试成功的基础

一段优质的自我介绍，重要的是给整场面试开场；后面面试官可以根据你的自我介绍来追加提问、深挖细节。

通常自我介绍可以分成不同的时长：1分钟、3分钟、5分钟及以上，不同的自我介绍时间通常应用在不同的场景当中。

1分钟：通常1分钟的自我介绍被应用在群体面试——无领导小组讨论之前的轮流自我介绍中，还有其他面试官明确要求简短自我介绍的场景。

3分钟：这是较常见的自我介绍的时间，通常完成3分钟的自我介绍之后，通过压缩或拓展内容来应对不同时长需要的情景。

5分钟及以上：通常有两类情况，一类是面试官明确要求5分钟，那么就需要精心准备，下文"自我介绍6问"，将详细讲解进阶版的自我介绍如何准备；另一类是面试官在没有时间要求的情况下，求职者个人的经历又很丰富时，可能时长会达到5分钟及以上。

通常自我介绍的时间不会太久，因为整个面试环节如果想控制在30~60分钟，那么自我介绍的部分就应该尽量简短以便预留后面的沟通时间。

下面通过一名应届毕业生的实际求职辅导的记录，帮助大家进行梳理，如果你已经工作了也没有关系，自我介绍的流程和技巧是不变的，同样具有参考价值。

三、第一篇"精练的"自我介绍

不论是电话、视频还是面对面的面试，先以一分钟为例，进行一个"精练的"自我介绍的示范和剖析，来看一篇优质的自我介绍都解决了面试官心中的哪些疑虑。

面试官您好，我是来自北京某大学的某某，今年大四，市场营销专业，我今天应聘的是贵公司的市场专员岗位。我在大学期间有过三段实习经历，分别是在A、B、C公司从事市场相关工作。

特别是在最后一段500强企业的工作当中，我以一个实习生的身份，破格被选拔到暑期项目中担任项目主管一职。面对新项目的挑战，我带领3名正式员工顺利完成了暑期项目的活动策划和落地执行，同时被评为优秀实习生。

在过往的实习过程当中，我发现这是我非常喜欢的工作方向，特别是活动策划的部分，能够充分发挥我的想象力，经常会有一些新奇的点子被同事认可，并在活动中得到客户的赞赏。

今天很高兴能够来到贵公司参加面试，这是我期待已久的机会，从我读大学开始，就一直在关注贵公司的新闻和活动，因为之前咱们没有实习岗位，我还特意去行业的其他公司进行实习，以积累对口的工作经验。希望将来有机会和您一起共事，谢谢。

我们可以看到，这份自我介绍，虽然只有一分钟左右的陈述时间，却对面试官想要了解的"想不想""能不能""敢不敢""会不会"四个基本问题给予了初步的回答，逻辑清晰，语言精练。在最后一段经历的描述时，还使用了"杀手锏"，一个实习生可以带领3名正式员工，还将工作顺利完成，让人刮目相看。

但是毕竟只有一分钟的时间，很难做到在简历的基础上去扩充更多的细节，也没有很多信息增量，但这个版本较适合群面时轮流发言，简短但不简单。

四、第二篇"万能的"自我介绍

为什么把3分钟的自我介绍叫"万能的"自我介绍呢？主要的原因是3分钟已经可以将很多细节展现给面试官，并且可以灵活缩短或拉长自己的讲述，以适应不同场景、不同对象、不同面试时长的变化需求。

我们在第一篇的基础上进行扩充，请看示范。

面试官您好，非常感谢您为我腾出的时间，我是来自北京某大学的某某，今年大四，市场营销专业，我今天应聘的是贵公司的市场专员岗位。

我在大学期间有过三段实习经历，分别是在A、B、C公司（世界500

强）从事市场类的支持工作。

我从大二升大三的暑假开始实习，当时在选择实习方向的时候，请教了几位专业的职业规划老师，在经过测评和分析之后，我在新媒体方向和市场策划执行方向当中选择了后者，因为我更喜欢人与人面对面的沟通。

通过认真准备，我得到了第一家A公司市场实习生的职位。这是一家创业公司，这份暑期实习我做了2个月的时间，让我对市场工作有了初步的认知。在一位前辈的带领下，我完整地经历了市场机会分析、市场调研、制订市场计划、落地执行的流程，很好地配合了其他同事的工作，顺利完成了暑期的实习。

第二段实习我拿到了B公司的Offer，这家公司属于行业知名企业，我利用大三的寒假进行了市场部门的实习，这次实习我感觉收获最大的地方，在于公司规模的扩大让我见识到了多部门协作的工作模式，我第一次实际使用了企业的ERP系统协同工作，有很多工作资源的获得都可以通过内部系统申请到，我能够通过调动更多的资源高质量地完成自己的工作。

与此同时，在这段实习中，我还经历了为期一周的岗前培训。在培训中，我接触了多种市场营销的策略和分析方法，为后续的策划工作打下了良好的基础。

在寒假期间，我参与了两个项目的策划及实施，特别是第二个项目是由我和一位前辈共同起草的策划方案，作为重要的参与者和执行者，我通过这个项目获得的市场反馈数据比计划整整高出了一倍，非常成功。

第三段实习是在刚刚过去的暑假里，这是一家世界500强企业，经过网申、群面和单面多个面试环节，我成功进入了暑期实习的项目中。在实习两周之后，公司有一个新的项目需要有人牵头来策划实施，我以实习生的身份，被破格选拔为暑期项目的项目主管。

面对新项目的挑战，我带领3名正式员工开始了前期的市场调研，可因为没有经验参考，我们遇到了新产品市场定位不准确的问题。我马上采取了两项措施进行调整，一是邀请公司跨部门、有经验的老同事进行了头脑风暴，拓展了三个之前完全没有想过的实施方案。

与此同时，我邀请了大学班级中的多位同学，一同使用我设计的调查问卷在网上进行了一轮调研，3天时间共收集了近400份数据，进行数据筛选之后，有效数据达280多条。

因为这两项举措，我们成功找到了新产品的准确市场定位，结合调研数据及前辈的经验，顺利完成了暑期项目的活动策划和落地执行。在这次暑期实习中，我还被评为优秀实习生，是同部门30多名实习生当中唯一获得这项荣誉的。

在过往的实习过程当中，我发现这是我非常喜欢的工作，特别是活动策划的部分，能够充分发挥我的想象力，经常会有一些新奇的点子被同事认可，并在活动中得到客户的夸赞。

我很珍惜这次面试，因为这是我期待已久的机会，我一直在关注贵公司的新闻和活动，希望将来有机会和您一起共事，谢谢。

3分钟的自我介绍就可以增加很多细节，并且使用很多技巧了，在经历的描述中，这位同学使用了"STAR法则"进行了"个人成就事件"的描述，具体方法大家可翻看第三章中关于STAR法则的内容。

通过"万能的"3分钟自我介绍，我们顺便解决了HR最为关心的"自我介绍6问"。

五、隐藏在面试官心中的"自我介绍6问"

很多面试官其实自己都没有意识到，为什么会对某些优秀的求职者很快就产生好感。其实一名优秀的求职者，一定会在面试过程中解决这6个核心问题。

我是谁？（一个真实的、有血有肉、有感情的我）

我为什么选择这份工作？（我的职业规划、工作的意愿、将来遇到难题时会坚持的决心等）

为什么我比其他人更适合？（知识、技能、经验、潜力、性格、荣誉等多个方面的优势）

怎么证明我讲的是真的？（STAR 法则的完整事件讲述、数字化的成绩、发自内心的诚实和自豪感等）

不选择我，企业会有什么损失？（暗示我很抢手、是优秀的求职者）

为什么要立刻录用我？（多个 Offer 选择中，我会何时作出决定等）

这六个问题有的是在自我介绍部分完成的，有的是在整个面试中表达出来的。一份完美的自我介绍，可以把面试官心中的顾虑完全消除。你看，一场成功的面试，实际上是一个成功推销自己的过程，目的就是让面试官愿意聘用你！

六、一些其他有用的建议

自我介绍一定要有头有尾，要有目标感，不要和简历完全重复，要有信息增量。

首先，自我介绍要完整，有头有尾。

其次，自我介绍一定要围绕着"岗位 JD"进行设计，你所讲的每一句话，都是在向面试官证明你更加适合这个岗位，每一句话都要成为加分项。

最后，自我介绍绝不是简历的有声版，有经验的面试官一定在和你接触之前就已经仔细看过你的简历，并准备好了问题，他希望能听到更多的信息，可以通过你的描述增加对"经历的真实性、相关补充细节信息、逻辑表达能力、求职意向、沟通风格和时间观念等"的信息收集。

如何顺利通过电话面试

电话面试成为现在很多求职者都要经历的一关，当你接到面试电话时，值得祝贺的是，你已经通过了网申和简历这一大关。

一、什么时候会接到电话面试

面试官通常有两种工作习惯，一部分面试官会通过邮件或其他方式提前通知你电话面试时间，也有很多面试官会直接打电话过来。

所以一旦我们投递了简历或填了网申信息，就要"时刻准备着"，因为面试官的电话可能随时会来。

二、如果突然接到来电，不方便接听怎么办

如果不是提前约好的时间，很有可能你并不方便接听面试电话，或者接电话的环境可能会不太好，比如声音很嘈杂或正在处理重要的事情。这时你可以大大方方向 HR 解释一下，当下不太方便接听电话并简单说明原因，然后表示自己很重视这次面试，顺便约好下一次方便通话的时间。

通常一次电话面试要持续 15 分钟到 1 个小时，可能实际情况各不相同，主要取决于你应聘的职位和处在第几轮面试。下面我们就通过 3 步来完成一次优质的电话面试。

三、电话面试前的准备

确保电话畅通。很多求职者在投递简历之后，就进入了等待期，但是却容易忽略一些细节，比如自己的电话是静音状态。在求职期间，务必要确保可以随时接到电话，同时取消电话的拦截。

如果看到未接来电，一定要回复，有时错过之后只能回复到总机，这时一定要表明自己的身份和来意，争取能够再次接通 HR 的电话。

提前调研行业、企业、岗位。和见面面试一样，我们需要提前做好调研工作，要重点了解行业、企业的相关信息和近期重大新闻，同时要仔细分析应聘岗位的职位 JD，提前准备与岗位相关的问题清单。

提前准备问题清单。和见面面试相同，我们对常见的面试问题进行整理，比如自我介绍、自身的优缺点、应聘原因、未来的职业规划和反问的问题等。

提前准备好提示卡和简历。和见面面试不同的是，可以提前准备好提示卡，包括纸、笔。推荐使用思维导图的方式，将提前准备好的问题和回答的要点写好，同时你也可以用准备好的纸、笔记录面试中的要点和关键数字等。

服装和环境的准备。虽说有时电话面试不需要打开手机摄像头，但依然建议按照见面面试的要求一丝不苟地进行准备，包括着装和化妆。一方面

避免突然改成视频面试措手不及，另一方面是服装和妆容会带给求职者非常重要的心理暗示，让求职者有更好的状态，所以一定不要忽略这样的细节。

面试时要确保环境安静，这样才不会让突发情况干扰面试的进程和结果。

做好录音的准备。录音主要的作用是在电话面试后进行复盘，不论是自己回放还是找专业人员帮忙分析，都是有效的提升自己的方式。分析面试录音可以帮助自己将面试中的问题暴露出来，为下一次面试做好准备。

四、电话面试中的技巧

重要心态：当作见面面试来进行。当你把电话面试当成见面面试一样重视之后，将会表现出机敏的反应和较高的求职意愿，并且不会因为你没有见到面试官就表现不同。

保持微笑。微笑的力量很大，不仅让你听起来更加亲切，也能够流露出较高的意愿。虽然对方看不到你的笑容，却能够透过声音感受到你上扬的嘴角和期待的心情。

吐字清晰、速度适中。通话时讲话速度要适中，不要太快或者太慢，在回答问题时可以稍微思考或者看一下自己的提示卡，然后确保逻辑清晰、吐字清楚。

使用 STAR 法则来回答经历类的问题。在电话面试中，需要向面试官展示以前的工作经历、参与的项目或取得的成绩，但往往在动笔或开口之前，会觉得逻辑不是很清晰，这时可以通过上文提到的 STAR 法则来快速梳理自己的经历。

五、电话面试后的跟踪

感谢信。面试结束之后，尽量当天晚上给面试官写一封感谢信，感谢信通常可以写三个部分的内容：

（1）表达感谢和谈及 HR 所讲的最让你感兴趣的部分；

（2）重新回答面试官最感兴趣的问题，同时列举相应的过往经历；

（3）表达对见面面试的期待。

六、及时跟踪面试结果

如果面试过后在约定的时间还没有等到答复，通常可以在 Deadline 之后的 2~3 天通过电话、邮件或微信的方式询问结果。但不要太着急，比如时间刚过就进行联系，会显得过于急迫。

如果没有约定好面试答复时间，通常可以在面试后的 3~5 天进行询问，可以先采用邮件、微信等较低打扰程度的方式进行询问，如果没有反馈，再进行电话沟通。

跟踪的同时，要做好二次电话面试的准备，再准备一些可能会被问到的问题。如果被告知面试未通过，就要主动询问原因，有误会可以解释，并且大方表示自己仍然希望可以争取机会，为自己保留更多可能性。

七、做好见面面试的准备

电话面试过后，记得认真分析一下自己的电话录音。同时，不论是否有了面试结果，都要开始准备接下来的见面面试。越早准备，越容易在下一轮面试中沉着应对。

那么有哪些问题会在电话面试或见面面试中被问到呢？

8 个高频结构化面试问题

面试好比一场考试，相信很多朋友都会提前做一些准备，比如刚刚学过的"自我介绍"，同时也会查询不少面试官可能问到的问题。但面试官会问到的问题很多，该从哪些问题开始准备呢？

我们帮助大家整理出 8 个面试中的高频问题，这些问题在面试中有较高频率会被问到，提前准备可以让面试更有把握。在准备这些问题的同时，也可以重新梳理自己的职业规划和竞争优势。

一、说说你的优点

这个问题是较高频的问题，在回答时先要理解面试官为什么会这样问，背后的逻辑是什么。面试官通过询问你的优点不仅可以了解你和应聘岗位之间的匹配程度，还会通过过往经历验证你对自己的评价是不是客观，自我认知是否准确。

通常我们要从目标职位 JD 中，准确找到一个职位的关键信息，与此同时，将自己的过往工作、实习经历或荣誉奖项中相关的经历与之对应。

比如你要寻求一份销售岗位的工作，往往要求有开拓精神、沟通能力，同时要具备敏锐的市场销售意识。这时就可以把自己经历里这几类优势，在面试中一一展现给面试官。

那通常可以准备哪些方面的内容呢？不同的职位要求可能不同，这里提供一些参考：

开拓精神、沟通能力、主动意识、有创造力、具备较强的分析能力、学习能力强、抗压能力、反应速度快、团队协作精神、团队管理能力，以及其他相关专业能力。

二、说说你的缺点

有些求职者会犯一个错误，就是喜欢用冠冕堂皇的"缺点"来回答这个问题，比如之前很流行的回答方式："我的缺点就是比较追求完美，有时候一忙起来就会忘记时间，经常会工作到很晚才离开公司"，现在千万别讲这样老土的答案。

其实有两个非常好的思路，第一个思路是让你的缺点变优点。比如一个程序员，身上通常有哪些"缺点"呢？这里的缺点是打引号的。你一定想到了，可能是不善言辞或者相对来讲内向一些。

如果一名求职者是在面试程序员，他说自己有点内向，不太善于言谈，可能对于沟通交流要求比较高的职位，这的确是一个严重缺点，但是需要专心进行程序开发的岗位，也许这就变成了一个优点。

从这个角度上看，每个职位都可以找到类似的"缺点"，比如财务岗位说自己太较真，销售岗可以说自己坐不住，等等，大家可以自己去找找这些加分的"缺点"。

第二个思路是"讲弥补缺点的经历"，也就是讲曾经的不足，但是通过自己的努力现在已经解决的经历，面试官喜欢这样曲折的故事。比如之前你曾经遇到时间管理的问题，导致自己工作、学习的效率不高，后来专门参加了时间管理的课程学习，通过一段时间的练习，让自己的时间利用效率得到大幅提高，诸如这样的经历都可以用来讲述过往的"缺点"。

三、你为什么想应聘我们公司

推荐阅读前文的"面试准备5步法"，其中第一步就是全面了解，首先要从行业、企业和职位的多个层面去做深入了解，可以从这几个角度去回答这个问题。

- 你对这个行业的兴趣
- 用人单位的使命和价值观
- 你喜欢的公司品牌或创始人的故事
- 你具备的知识和技能与岗位需求较匹配
- 自己非常看好公司的发展方向
- 公司职位和自己的职业规划方向一致等

四、你离开上一家公司的原因

不论是什么原因，记住不能抱怨之前的公司或上司，要知道抱怨不是一个好的习惯，通常和推卸责任相联系。另外这也会让面试官觉得你可能进了公司之后也会有同样的心态。

同样，表明自己离职有良好的工作交接，展现负责任的态度。有时HR会做背景调查，会向之前的单位进行了解。

离职一般有三种情况，主动离职寻求新的机会、被裁员、被辞退。

- 主动离职寻求新的工作机会：如果你是在主动寻找新的工作机会，可以讲最近职位有些调整，调整后的方向和自己的期待不太匹配；或自己经过深思熟虑，想寻找一个挑战性和成长可能性更大的工作机会；或现在的职位已经不能完全发挥自己的工作能力或工作潜力……这样的回答都是可以的。
- 被裁员：你可以大度地回答，你能够理解公司的战略调整及高管们的决定，毕竟谁也不想遇到这样的问题，对自己来说这也是一个可以重新思考和调整的机会。虽然有些遗憾，但是也很期待在新的岗位上发挥自己的优势，重新创造辉煌。

·被辞退：这个是最难回答的，所以切记不要抱怨！当然如果你能适当隐藏自己被辞退的情况最好，但是如果不能隐藏，就要以一个合理的理由重申一下当时的情况，尽量去解释自己被辞退的原因，并表示自己再也不会重蹈覆辙。

补充一句，如果你离职之后，还能拿到前领导的推荐信，不论以上哪一种情况，都会非常有利于自己的面试。

五、你未来3~5年（5~10年）的规划如何

面试官问这个问题，是要判断我们的稳定性和是否有清晰的职业发展规划，如果你准备拿现在的工作机会当跳板，无疑会被淘汰。

其实没有人能够准确规划出较长时间之后的工作生活，但是依然有几个窍门可以参考：

根据职位的典型发展路径来回答，可以在互联网上轻易搜索到某一个职位的成长过程。比如搜索同一个职位不同工作经验的JD，再把工作经验要求为一年、三年、五年的JD放在一起对比研究，这时就可以找到不同时期的能力需求的差异点，再将这个职位的纵向发展差异作为自己发展规划的分阶段目标。

这样做你不仅进行了贴近职位发展的规划，还能贴近面试官的期待。

当然你还可以讲希望提升自己的专业技能或对行业有更深入的了解。或者你也可以讲希望在多久之后进入管理层，切记不要说自己没有规划，或者没有认真想过，这样面试官会对你的稳定性产生疑虑。

六、为什么我们要选择你

其实整场面试都在回答这个问题，但如果被特别问到这个问题，你可以按照以下逻辑去回答：

·价值观：你的价值观和公司高度一致，比如你应聘教育公司，就可以将自己的教育情怀和乐于助人表现出来；

·技能：通过你的过往经历、成绩、证书、专业等向面试官证明你可以胜任工作，并且是优秀的；

·个性：可以讲你在某方面有一定的天赋，比如沟通能力强，喜欢钻研等；

·兴趣爱好：表达你对这个职位的兴趣是很重要的，对一件事情感兴趣，更能证明你的应聘动机。

当然你回答的每一项内容，都要有准确的匹配性，证明你对目标岗位有非常好的胜任能力，能够很好地为企业创造价值。

七、告诉我们关于你更多的事情

要小心回答这个问题，之前笔者就辅导过一个研究生女同学，讲起异地恋的男朋友，还详细描述了自己甜蜜的恋爱生活，这让面试官觉得用不了多久，这名女生一定会移居男朋友所在的城市，有点弄巧成拙。

已婚者，不要过多谈论自己的家庭和孩子，有时会让面试官担心你的精力是否能够充分投入工作中。

那该如何回答呢？

你可以讲讲和职位相关的兴趣爱好，可以参考第三章的《简历要放"兴趣爱好"吗》，里面提供了10个绝对加分项的兴趣爱好。

还可以讲讲自己的软性技能，比如自己的沟通能力，再或者可以讲讲你是一个"结果导向"或者"成就导向"等符合职位要求的人，这些都是非常好的回答方式。

八、你还有什么问题要问我吗

这是大部分面试都会问到的"结束问题"，但是这个问题并不是面试立刻结束，而是在给你提供一个反问的机会。如果你真的问"没有问题"，或者你问"这个职位薪资具体多少？""我今天面试能过吗？"这样的小白问题，就会给面试官留下不好的印象。

你回答"没有问题"，会显得你没有认真思考或对职位没什么兴趣，会让面试官失望。而反问"薪资多少"或"面试能过吗"，一个会让面试官觉得你只看重金钱回报，另一个会让面试官感觉你太着急或者不自信，都不适合提问。

我们一定要把握住机会进行"反问"，问对问题不仅可以让面试官觉得你有过很多的思考，同时还可以让你更充分地了解职位相关细节，避免"踩坑"。

反问问题可以询问7大类，"培训、职位、公司、企业文化、对自己的期待、求职流程、未来的问题"都是好问题，接下来就学习21个反问面试官的问题。

反客为主："你还有什么要问我吗？"

通常在准备回答面试的问题时，会将注意力放在面试的开始和过程中，经常会忽略对最后一个"你还有什么问题要问我吗？"的准备。

其实如果这个问题回答不好，既会因毫无准备尴场，也会让面试官觉得你的就职意愿度不是很高。现在就一次性解决这个问题，让面试变得"有来言，有去语"，让面试拥有一个漂亮的收尾。

一、不会反问，会有两大致命弊端

其实很少有人喜欢被面试的过程，因为每一场面试就像一场大考，你要提前了解考题，还要尽量搞清楚考官的脾气秉性。不仅在面试中你要展现自己最优秀的一面，与此同时还要优秀在"点儿"上，也就是与目标职位要高度匹配。

虽然很多面试也是结构化面试，可以提前押题，但是无奈全是主观题，考官给你多少分可能始终是个谜。所以这样提心吊胆的感觉最好还是越少越好，除了要认真进行准备，同时也要注意面试中你来我往的"平衡性"。

面试技巧不太好的求职者，往往面试过程呈现一边倒的情况，也就是面试官一直在"审问"你，一直追问细节，而你毫无"还手之力"。这样你会搞砸两件事：

· 没有反问就没有办法全面了解企业和职位情况。

·没有反问就一直处在被动应付的状态中，会更加紧张，导致面试官对你印象不佳。

这就要求求职者提前做好准备，在反问环节主动建立求职平等平衡的关系，让面试官更加重视你、欣赏你。

二、"你还有什么想问我吗？"

当你被问到这个"结束问题"时，其实并不是面试真的结束了，一方面面试官通过最后一个问题提示面试已经进入尾声，另一方面想通过这个问题给求职者最后一个表达的机会。

如果你一直搞不清楚该问什么问题，或者你没有提前准备，你就会表现得好像对这个职位缺乏深度思考，甚至是不那么感兴趣，就难以给面试官好印象。

所以，你知道面试中该从哪些方面去给面试官提问吗？

三、21个面试最佳反问问题

很多人都知道面试中较常见的问题有哪些，但让他们说出可以反问面试官什么问题时，绞尽脑汁也想不出几个。那该问些什么问题呢？

我们将问题归纳为7大类，共21个小问题，与此同时还将问题背后的"坑"做了总结。通过这些问题你不仅可以很好地应对面试最后一问，还能帮你避开很多求职的"坑"，甚至可以提前推测自己的面试结果。

四、7类提问类型

·关于培训的问题

·关于职位的问题

·关于公司的问题

·关于企业文化的问题

·关于对自己期待的问题

·关于求职流程的问题

·关于未来的问题

1.关于培训的问题

如果你对职位非常感兴趣，自然会关心进入一个新的企业之后你会不会得到一些帮助，下面就是通常较适宜提问的问题。

你可以这样问：

（1）我入职之后会有相关的入职培训吗？

（2）我入职之后会有前辈来带我吗？

（3）通常公司的员工培训会有哪些呢？

小提示：当你这么问的时候，可以给面试官留下很好的印象。首先会留下一个在认真考虑如何快速融入企业的印象，其次也可以反映出你是一个主动获取资源的人。

隐藏的坑：

如果你的面试官没有正面回答这些问题，你要警惕，因为有如下可能。

公司培训体系很不成熟，新人入职后全靠自我摸索，会导致效率低下。

如果没人带你，有可能是上一个员工因为矛盾离职，未妥善交接，那要搞清楚是不是职位本身问题导致的离职。

如果面试官讲不出公司日常培训的体系或安排，需要警惕的是公司可能没有员工成长计划，要充分考虑对自身发展的影响。

一定要清楚自己面对职位的问题有哪些，是不是通过公司的培训可以快速解决，这样既能够让你更快进入工作创造价值，也减少了绩效考核的压力。

2.关于职位的问题

在你入职之前，一定要了解清楚关于职位的一切，虽然看Title好多公司都一样，但是具体负责的工作内容和工作方式有很多差别，所以一定不能以自己过往的经验，想当然地去猜测一个职位的细节。

你可以这样问：

（4）我平时的工作职责都有哪些，哪个部分最有挑战性？

（5）能描述一下通常这个职位一天工作的情形吗？

（6）这个职位的发展规划或职业发展路径是怎样的？

小提示：当你听完面试官的介绍，可以想象自己之后的工作自己能否应付，这样的工作符合你的职业规划吗？

隐藏的坑：

如果面试官不能很细致地回答这几个问题，一定要小心是不是有什么"坑"：

有一些隐藏的工作职责故意没和你说。

面试官也不清楚到底哪些工作更有价值。

可能工作量巨大，所以不敢面试时和你摆明了说。

警惕为什么面试官要逃避你的问题，其背后可能是巨大的"坑"，如果你入职之后才发现和你想象的不一样，到时候会后悔不已，不仅可能会再次离职，也会浪费掉其他面试机会。所以搞清楚你应聘的职位具体会干些什么是非常重要的。

3.关于公司的问题

当你开始考虑进入一个新公司时，公司的方方面面也应当是你除职位信息之外要关心的，公司是不是有些特殊的规定，或者一些规则，一定要通过询问确定自己能够接受。

你可以这样问：

（7）公司的使命和价值观是什么？

（8）作为面试官的您，最喜欢公司的哪些方面？

（9）公司的人才流动率高吗？为什么？

小提示：你也可以通过询问员工福利、上下班时间等，去了解更多的工作细节，切忌因为出于礼貌，不直接发问，导致入职之后出现各种问题。

隐藏的坑：

如果面试官讲不出公司的使命和价值观，这是个非常严重的问题，说明公司的大方向可能都不明确。

如果通过面试官的语气发现他自己都不喜欢公司，或者讲了很多冠冕堂皇的话，那你要警惕了，就像你用冠冕堂皇的话去描述一段经历时，想象一下你当时的心理是什么。

多去网上查一查，通过一些企业信用平台搞清楚公司的实底，也可以找到员工的评价，对比一下，自然会了解更多信息。

4.关于企业文化的问题

找工作绝不仅仅要考虑收入和福利，一定要考虑企业文化的问题，你是不是真的可以在这里长久发展下去。

你可以这样问：

（10）公司的企业文化是怎样的，或工作的软、硬件条件如何？

（11）公司团队的相处方式是什么样的，一般团建采用什么形式？

（12）我的搭档或者上司是一个什么样的人？

小提示：不要在一棵树上吊死，一定不要觉得这是你唯一的工作机会。相反，要仔细考虑公司各方面及职位条件的匹配性。当然如果职位搜索的工作做得比较好，自然会有很多机会供你选择。在第十章会专门阐述 Job Search（工作机会搜索）的内容。

隐藏的坑：

当你从面试官口中得到一些信息时，一定要仔细捕捉他形容团队或某个人时的词汇，如果足够幸运，就会听到符合期待的环境或领导，那你可以适时表达自己的期待和兴奋。

5.关于对自己期待的问题

一名员工最大的价值，就是可以实现公司最开始对这个职位的工作预期。所以你入职前最好搞清楚，面试官或者你的领导希望你入职以后有什么样的表现。

通过面试顺便搞清楚公司对你的期待是怎样的，这样做的好处是，可以提前了解公司对你的不切实际的预期，不会因为你没有做到而对你过早失望，与此同时，你可以更清楚工作的目标和方法。

你可以这样问：

（13）我的工作目标如何制订会更符合公司的预期？

（14）您在试用期、半年后、一年后对我的预期是怎样的？

（15）您觉得我工作的方式更独立一些好，还是和其他同事包括您合作更紧密一些好？

隐藏的坑：

如果你的面试官没有办法讲出这方面的细节，可能是他们没有过于期待你的表现，换句话说，你没有那么重要。

当然还有一种情况是，你需要到下一轮面试见到自己的直属领导时才能了解得更清楚，这需要你做准确判断。

同时，你也要关注公司的期待你是否可以通过努力做到，以免后面达不到管理者的预期，被迫结束工作。

6.关于求职流程的问题

这是一个可以窥探面试官录用意向的问题，同时也可以表达你对职位的期待和意愿。

你可以这样问：

（16）我们下一步的面试环节是怎样的？

（17）我多久可以获得下一轮面试的通知呢？

（18）我如何可以了解到我的求职结果呢？

隐藏的坑：

如果面试官对你的问题不感兴趣，或者很敷衍，那就说明你需要马上关注其他工作机会了，后面被通知的机会很小，需要尽早准备。

7.关于未来的问题

这是个笼统的问题，目的是希望你仔细考虑更长久的未来，你会在工作中感受到快乐吗？你的职业规划和发展会更加清晰和稳健吗？这份工作对家庭的影响会怎样？等等。

你可以这样问：

（19）这个职位未来发展的机会有哪些？

（20）公司现在有5年规划吗，是如何规划的？

（21）您可以给我个人一些发展建议吗？

隐藏的坑：

如果你的面试官无法清楚地描述关于公司未来和职位未来的规划，那可能是如下原因。

公司的人员流动率太高，以至于根本不需要考虑员工长远发展；

公司的发展方向很不稳定，现在还没有核心的盈利项目；

你应聘的可能是一个夕阳职位，很快会被取消；

当然还有一个更惨的，就是公司根本没有长远规划，更不用说带着大家一起实现梦想。

当然对于许多初创公司，有些问题还没明确情有可原，机会和风险你要自行判断清楚。另外对于一些比较基础的岗位，建议关注工作的细节，不要给面试官夸夸其谈的感觉。

五、面试是双向选择

现在你一定了解到原来还有这么多要反问的问题，通过这些问题，你更应当清楚自己的求职策略是什么，当你把很多问题都搞清楚时，你的入职决定也将更明智、更有长远意义。

要注意"度"的把握，不要盲目地挑剔工作，或者完全不考虑工作条件。重点在于找到平衡点，要记住"没有完美的工作"，适度的妥协是很正常的，只要大方向和自己的期待相一致就已经是难得的工作机会了。

还要注意反问时的"语气"，虽然是"反客为主"的环节，但要礼貌询问，通常建议大家使用："不好意思，我还想问一下关于……"这样的问法。

所有问题问完以后，你可以说："谢谢面试官，我没有问题了，感谢您宝贵的时间"。这样面试就此结束。

面试后的"黑科技":感谢信

求职中用到的信件有好多种,Cover Letter(求职信)是较常见的,除此之外就是感谢信,接下来我们会细致分析求职过程中的感谢信。

通常在什么情况下写感谢信呢?有两个场景:第一,在面试之后;第二,拿到 Offer 之后。

一、感谢信是高级的尊重

HR 的工作比我们想象的要忙很多,那么如何在 HR 每天忙碌的面试当中,在众多求职者当中额外增添一次沟通的机会呢?

有没有办法让面试官感受到你不一样的职业素养?有没有可能让面试官感受到自己的工作也非常有价值?

有!这就是感谢信,一种高级的尊重方式,可以在面试的 24 小时之内,用一封真诚的感谢信,加深你和面试官的交流深度。

二、Thank You Letter

感谢信除了向面试官表示感谢,还可以再一次向面试官表达你的求职意愿,重申你的优势,或者解释一些误会。感谢信变成了你求职过程管理的重要一环,如果你想通过某种方式试探一下面试结果,那么感谢信无疑是适合的方法。

其实国内会写感谢信的求职者很少,在我多年作为面试官的经历中,收到的感谢信也并不多,但是几乎每一封感谢信都记忆犹新,现在依然能够回忆起是哪位同事或求职者曾经写过感谢信,这足以体现感谢信的价值。

不可否认的一点是,有时面试官第二天就能忘掉前一天刚刚见过的求职者,因为面试官的记忆空间实在有限,只能留给那些优秀的求职者。但是当你用心去写一封感谢信的时候,你就可以加深记忆,这样的记忆也许弥足珍贵,或是让面试官有些小惊喜。

下面我们就先看一封可以给面试官留下不错印象的感谢信。

某某（求职者姓名）——感谢您今天上午的面试

尊敬的面试官（或准确尊称）：

非常荣幸今天上午可以通过面试与您相识，也非常感谢您宝贵的时间。通过您的详细介绍，我更加清晰地了解到贵公司某职位的细节。印象非常深刻的是贵公司在两个季度之内能够完成市场规模100%的增长，还有贵公司精细化的管理文化。

今天的面试中您问道，如果有机会入职的话，如何帮助公司继续保持这样的市场增长速度，甚至超越现有的发展速度。我也和您聊到，在我之前的工作经历中，一直在本行业从事市场营销的管理工作，有着丰富的营销经验。我认为要想保持高速的市场增长，就要搭建一个创意十足、执行力超强的市场团队，作为团队Leader要有非常敏锐的眼光和具有前瞻性的战略思维。

我在之前的经历中，曾经同时管理三个市场团队共25名同事，并在最近一年内完成了市场营销活动30余次。其中绝大部分活动都超额完成计划目标，还引领了行业的风向标，被多家媒体争相报道。在我的带领下，市场部去年以140%的增长率完成了全年业绩，同时也为团队培养了4位优秀的储备经理。

在今天与您的交流中，我对您讲的市场人才的培养方案也非常感兴趣，您的人才培养理念非常值得我去学习。今天您推荐给我的这本《某某》我也进行了了解，这些理念都是很有价值的。

非常期待能够在我们约定好的周五前收到您的面试反馈，同时我也盼望可以有机会和您这样优秀的前辈一起共事。如果有需要补充的信息，您可以随时联系我，再一次感谢您为面试付出的时间和给我提出的建议。

某某　某年某月某日

三、感谢信分段解读

邮件题目：建议格式"求职者姓名＋目的＋时间"，简洁、准确、高效地表达你的意图。

第一段：通过第一句话开门见山地表达感谢，毕竟面试官很忙碌。然后表达通过面试官的介绍,加深了自己的对该企业和岗位的认知,并举例说明具体的要点,如范文中,提到市场增长和管理文化。

第二段:这部分可以回顾一下面试的重点问题,注意这个问题一定是面试官最关心的,通过文字来拓展或者补充一些最能够证明你是合适人选的内容,并且将你的看法进行阐述。

第三段:继续用数据来再一次强调你的核心胜任力,这个部分可以表明自己最具优势的地方,当然,也可以用来解释面试中你觉得不满意,或者有误会的地方。

第四段:个人关系部分,这个部分可以讲一讲面试官个人带给你的帮助,像范文中就提到了推荐的书目已经开始读了,这都是让面试官感到欣慰的文字。

结尾:依然要感谢面试官付出的时间,也可以再次表达自己的意愿和对面试结果的期待,并且表示如果需要补充资料或信息可以随时联络。

四、写感谢信的原则

感谢信的写法要因人而异、因情况而定,但有一些通用原则在这里分享给大家。

及时性:你的感谢信,最好能够在面试当天发出,实在没时间也要在次日发出,尽量不要超过24小时。

专业性:你的感谢信,一定要让面试官对你的综合素养和专业度有进一步认识。

兴趣点:千万不能用通用的感谢信模板进行发送,一定要动手修改或撰写,将真实的交流沟通情况进行反馈,并且进一步加深面试官对你的好印象。

长度适中:感谢信不要超过一页,这样会给面试官增加阅读压力,要做到画龙点睛,而不是画蛇添足。

准确表达:最后一点建议,不要使用模糊的形容词,比如"我的能力很强或者我的效率很高",要使用数据来佐证并且加强面试官对你的认可。

五、电话面试、视频面试还要写感谢信吗

同样可以写。特别是电话或视频面试不能面对面，感谢信刚好可以弥补远程面试沟通效果相对弱的缺点，这时你可以借此机会加深面试官对你印象，在一天数个面试电话中给面试官留下你独特的印象。

六、二面或者终面要写感谢信吗

当然可以写，不论是同一位面试官还是不同的面试官，你能够进入二面或者终面都是非常幸运的事情，这时你完全可以对这一轮面试表示感谢，同时你也可以说"通过第二次和您深度沟通，更加深了我的兴趣和期待"等。

七、群面要写感谢信吗

更需要了！要知道，如果一位面试官一天完成好几场群面的话，就要面试几十名求职者。这时想要被面试官记住就变得非常困难，而你给面试官写一封感谢信，就变成了加深印象有效而又简单的方式，你还不抓住这个机会？

八、感谢您的阅读

为什么这么推荐大家在面试后写 Thank You Letter 呢？最重要的一点是希望每一个人都能够养成感谢、感恩的习惯，能够在工作和生活中时刻提醒自己要做更有温度的沟通和表达。感谢信不只可以写给面试官，还可以写给你爱的人，包括父母、孩子和每一位曾经帮助过你的人。

远程面试与见面面试

新冠疫情开始之后，很多用人单位选择电话或视频远程方式进行初次面试。疫情严峻的时期，甚至第二轮面试和终面也会通过远程面试进行，特殊时期的确需要特殊手段。

远程面试因为成本低和效率高，成为很多 HR 初面的首选。

一、远程面试与见面面试的三大差异

首先要求求职者具备更强的表达和表现能力，能够持续引起面试官的兴

趣。因为远程面试通常是电话或视频的形式，如果面试官不满意，可以更加轻易地结束面试。面试官在线下面试时，往往顾及礼貌和雇主形象，不会轻易地将面试的时间缩短，但线上面试有所不同，面试官将更自由地行使提前结束对话的权力。

这就需要求职者比线下面试有更好的语言表达和整体表现力，透过声音或有限的视频画幅展现自己的优势和特点。面试官在线上没有办法像面对面那样，对候选人有全方位的立体感受，这时就需要你能够适度放大和夸张你的表现，以抵消远程面试所造成的衰减。

其次，作为求职者要有更强的观察和分析能力，能够远程捕捉和判断面试官的反馈。这点非常重要，面试是一个交互的过程，你来我往，相互协作完成，很多求职者在面试过程中只顾表达自己，却忽略了面试官的反馈。所以很多求职者面试完自我感觉良好，却最终被拒，主要就是因为对面试官的反馈没有准确观察和分析。

留意面试官的肢体、语气和评价内容，这三点综合反馈了你的表现如何。比如在视频中，面试官突然对你做出了眼睛睁大、凝视和身体前倾等动作时，就可以明确感知到，你已经成功吸引了面试官。再比如在电话面试中，面试官对你的回答表达了真情实意的认同和赞赏，这些都是好的信号，不过要注意的是，也有面试官是出于礼貌，这时就需要通过语气和微表情来综合判断面试官的感受了。

最后，求职材料需要更精心地准备。用心准备的求职材料将帮助你获得心仪的 Offer（不仅仅是简历，也包括朋友圈等侧面了解你的途径）。面试中简历或网申信息是敲门砖，需要在更短时间内通过非见面的方式全面地展示你和岗位之间的匹配性。所以投递简历时一定要确保和岗位 JD 息息相关，通过能力展示和业绩展示，向面试官强有力地证明你就是最佳人选。

知道了这些差异点，那具体的远程面试流程和准备技巧是什么呢？

二、远程面试全流程解析

面试前：远程面试准备（仪容仪表、环境和信号）

分享一下之前一名求职者的面试经历。这位男士第一次视频面试便给我留下了很好的印象，当时他身着笔挺的西装，在视频中看到他所处的环境也很具有商务气息。入职后我才知道，原来他为了第一次面试给面试官留下好印象，专门去星级酒店开了一间商务套间。他希望自己的第一印象就是最佳印象，所以精心安排到商务套间进行面试，并且为了确保视频信号畅通，特意准备了两台电脑和两部手机，还通过网线提前接入了酒店的网络。

面试中：使用模拟演练换位思考

面试时需要注意摄像头或手机的角度、室内光线、自己的声音和表情的管理。建议自己录一下面试的自我介绍。仅通过自我介绍，就可以初步关照到上述方面。

当然更应该将注意力放在如何向面试官证明自己的匹配度和胜任力上。这就需要提前做好准备，换位思考，如果你是面试官，面试一个求职者，你会问他什么问题？

将这些问题一一列出来，并且思考什么样的回答会让面试官满意。如果有条件，最好请老师来帮忙模拟一次面试全流程，把外在和内在相关的问题都指出来。

面试后：跟踪结果、维护关系

远程面试的好处在于，通常可以直接加面试官的微信。但这时你就要在加好友之前，确保自己的朋友圈看得过去。

很多面试官因为在面试前看到了求职者未经整理的朋友圈，对求职者产生了不好的印象。因此一定要全面留意自己的求职细节，每个细节里都藏着危机。另外，很多求职者加了面试官微信之后，却屏蔽了面试官看朋友圈的权利，这会让面试官对你的真诚度有所怀疑。

当面试结束后，可以通过正面、侧面两种方式获得面试官的进一步反馈，侧面的方式简单自然，就是给面试官发的朋友圈点赞和留言，刷存在感，同时要在自己的朋友圈中多发布和职位行业相关的信息，增加面试官对你专业度的认可。

当然如果你等不及，也可以正面接触。礼貌地向面试官进行直接询问，了解面试的进展和后续是否需要有些特别的准备。很多求职者在通过 HR 的初面后，会向 HR 打听下一轮面试官的风格和注意事项，这些都是可行的，也是你向面试官表达重视后续面试的一种方式。

第五章　群面训练课：无领导小组讨论

群面作为淘汰率较高的一个求职环节，已经变成了很多求职者的噩梦。之前辅导过一个研究生同学，一天参加了两场 BAT（百度、阿里、腾讯等的互联网大厂简称）的群面，结果两场群面后，她自己最大的感受就是："受教了！"

超高淘汰率环节——无领导小组讨论

原来该同学从群面的自我介绍开始，就发现和自己竞争同一个岗位的求职者们，不是从常青藤回国的，就是清、北、复、交的高才生，而自己只是一所普通高校的硕士研究生。自己感到从气势上就输了，自然也没有获得下一轮的面试机会。

的确，群面作为校招最常用的面试形式，一场面试可以同时对多名求职者进行测评，这样的经济性是企业喜欢的，但群面的淘汰率也会因此变得比较高。

一、群面的成本

之前曾经受一位朋友的委托，对他的女朋友进行辅导，这名女生在英国读研，想毕业后回到国内发展。通过自己的努力，她得到了某大厂群面的机会，可她遇到了两个难题。第一个难题是，她从来没有过群面的经验，也没有参加过任何的模拟；第二个难题是，她人在国外，如果不回来就错过了难得的机会，如果回来，交通成本会很高。

不过这样的面试机会不可多得，我和同事们紧急安排了半天的时间，对她进行了一对一的面试辅导。但群面的准备难度远远高于单面，半天的针对性辅导虽然能够让她对群面有一定的了解，但在模拟中发现的很多表达习惯问题没有办法通过短时间训练改正。

最终她利用一个周末的时间飞回国，次日上午去参加了大厂的群面。遗憾的是，面试当天晚上她就收到了拒信，没有把握住这次面试机会，同时也为这次群面付出了高昂的经济代价。

二、群面的形式

我们先从对群面形式的了解开始。群面多种多样，除了今天要重点讲解的无领导小组讨论，还有另外一些可能会遇到的形式，需要提前把握，以免措手不及。

一对多的轮流发问：某银行在校招中的群体性面试，就采用了一对多轮流发问的方式进行。面试官同时邀请十多位同学进入面试场地，以半圆形的方式环绕面试官而坐。面试过程并不复杂，面试官和每一位同学进行简单的沟通，再随机提问一些问题，就结束了面试。通过面试的同学，不久会收到体检通知。

辩论：辩论的形式已经越来越多地被应用到群面中，特别是对表达能力和逻辑思维能力要求比较高的职位。

"狼人杀""密室逃脱"：这是最近几年一些奢侈品、传媒、快消大厂等企业采用的面试新方式，特别受"95后""00后"的同学们喜爱，当然"玩"的背后，是 HR 的周密布局。求职者在游戏中的逻辑推理、情景模拟、人与人的沟通和相处、不同意见的处理等，都会展现在面试官面前，比普通的面试方式更加高效真实。

无领导小组讨论（LGD）

了解很多新型的群面形式之后，回归到经典的无领导小组讨论的群面方式中。这种面试方式至今有将近100年的历史。为什么这种面试形式会经久不衰，就是因为它具备如下几个特点。

（1）更接近工作场景：无领导小组讨论通常会还原求职者参加工作会议的状态，有些模拟题型还可以将真实的经营问题带入讨论中，讨论中人与人的辩论与合作，也能反映出求职者真实的状态。

（2）个体充分展示：相比其他面试形式，求职者有更广阔的发挥空间，可以充分展示求职者的个性特质、性格特点、能力与技能、智商与情商等。

（3）高度人际互动：好的无领导小组讨论的题目，会引发大家充分讨论，可以带动求职者之间高度的人际互动，从而使面试官更好地观察和评估。

（4）对笔试和单面进行补充：相比笔试和单面，无领导小组讨论会让面试官直接对求职者的行为进行评估，结果更真实准确。

（5）面试的经济性：可以让面试效率大大提高，同一时段可以面试多位求职者。

（6）发现隐藏的问题：这点非常重要，面试官最重要的工作就是"挤水分"，让求职者刻意隐藏、遮盖的部分暴露在阳光之下，可以更好地帮助面试官准确评估求职者的能力素养。

一、新技术的应用

现在群面采用线上面试的企业越来越多，甚至有许多企业已经尝试采用"微表情研究"的同步分析技术。这样的新技术，不仅可以实时分析线上求职者的面试状态，同时还可以帮助面试官分析求职者的心理情况，甚至判断求职者有没有在说谎。

二、群面的目标感

群面的辅导中，很多求职者都有这样的感受："一想到群面就会非常紧张"。为什么会有这样的感受呢？

首先是因为对群面流程的不熟悉。解决这个问题的方法比较明确，可以多参加群面面试的模拟，这样效果最快最好。没有条件的求职者，下文中也会对群面的流程进行分析，可以先行了解，以减轻陌生感导致的紧张。

其次是要调整自己的心态。很多求职者因为对群面的错误理解，让自己陷入"参加考试"的紧张感。其实参加群面不能当成考试来看待，因为群面更多的是模拟真实的工作讨论环节，我们应该更多地把群面当成"一场工作讨论会"，把焦点放在大家讨论的内容上，不会过分关注自己的表现。

最后是明确自己的求职方向。群面时大家一定要记得，虽然很多求职者共同参加，但都是为自己最终的求职方向在努力。所以，在群面过程中的行为表现，应当尽量去贴近职位工作的要求，而不是急于把其他人比下去。

群面面试官的"心理弱点"

其实每一位面试官都希望自己能够客观、公正地评估求职者，但人都有局限性，会有很多特殊的心理效应无法摆脱。这些心理效应对于面试官是致命的，会影响判断，但是对于求职者又是可以利用的"弱点"。

一、面试官的第一印象

这个概念大家都不陌生，但如果让你讲出第一印象包含什么，又一下说不出来。

第一印象包括如下几个方面：服装、体态、表情、声音、笔迹、姓名、名片、朋友圈内容、热情度、自己的记忆等，远程面试还涉及你的视频印象。

第一印象的树立，在面试中非常重要。

面试官的近因效应：近因效应指的是已经给面试官留下的印象，依然会因为最近发生的行为形成新的印象。这些新的印象会影响或覆盖之前的印象，所以对于求职者而言，如果在面试的前期发挥不太好，也不要过分担心。因为近因效应的存在，依然还有很多机会去改变面试官的评价，所以要在面试中随时保持积极的心态。

二、面试官的刻板印象

这是面试官普遍存在的情况，通常包括"学历控""地域黑""性别歧视"或"一朝被蛇咬，十年怕井绳"等。

这个问题怎么解决呢？如果你担心自己的某些信息会撞上面试官的偏见，那你可以在不违反原则的情况下先隐藏这样的信息。等到见面之后，用你的真诚和实力去改变面试官的刻板印象。说不定从你开始，他再也不会有以前的"刻板印象"了。

三、求职者的光环效应

影视剧中的主角，往往都有光环效应，都是打不死的"小强"。那求职者有没有机会也享受一下"光环效应"呢？当然可以。我们可以从简历开始，把自己最亮眼的内容放在最突出的地方；面试中，用心打造自己的自我介绍，达到"一鸣惊人"的效果；善用媒体或自媒体的力量，得到公众的认可，这些都是可以为你增加"光环"的。你也可以再想想还有什么方式能继续增加你的"光环"？

所以大家要特别重视面试中的印象管理，从自身出发去影响面试的过程和结果，除此之外，也需要继续了解群面、无领导小组讨论的流程和注意事项。

四、无领导小组讨论的流程及时间分布

通常无领导小组讨论面试会进行如下几个流程。

- 线下候场（线上设备调试）。
- 面试官宣布面试规则。
- 自我介绍环节：轮流发言，通常每人30秒至1分钟。
- 审题环节：通常3~5分钟。
- 讨论环节：线下面试通常会设置15~60分钟不等的自由讨论时间，线上面试通常会在讨论中设置轮流阐述自己观点的环节，然后再进行自由讨论，如果设置轮流发言，通常会给每人1~2分钟的时间进行观点阐述。

·汇报环节：在讨论结束后，往往需要小组自行决定汇报人，代表小组向面试官进行总结陈述。

·面试官提问：面试官会对感兴趣的求职者进行提问。

·面试结束：通常会收集大家的题卡或笔记，宣布后续结果的通知方法。

其实每个环节都有很多可以学习的技巧，但是比较集中的问题是关于讨论过程中角色的把握。

无领导小组的 5 类角色

无领导小组讨论中有很多关于角色的区分方法，通常可以将求职者分成 Timer、Leader、Recorder、Reporter、Members 几个角色，大家要注意的是角色的扮演不要拘泥于自己对角色的认知，而是要在对角色的扮演中，去理解这个角色在未来工作的会议中，到底该承担什么职责。

比如通常 Timer 在群面中是负责计时的角色，其实不只是字面意思中的计时，更是"进程控制者"。Timer 在实际的工作会议中，不仅要承担计时和提醒工作，还会为所有参会者规划会议时间安排，提醒跑题者回归正题。

Leader 在实际的工作中是会议的组织者，但并不一定是会议的主讲人。这个大家要明确地进行区分，这个角色更像是头脑风暴会议中的组织者，负责调动大家的参与度、整理推动讨论，对讨论的整体效率和质量负责。

而 Recorder 和平时会议中的书记员稍有不同。Recorder 作为记录者，切记不能全程一言不发只埋头记录，在群面中要积极参与讨论，并进行阶段性的汇总发言。

Members 是指小组讨论中的普通成员，是大多数人被动选择的角色，在讨论中不承担任何其他角色，也就意味着当你成为普通成员的时候，就主动放弃了一些曝光自己优势的机会，Members 通常会承担比较大的风险，除非观点新颖能够打动面试官，否则往往会成为路人甲，被面试官忽略从而失去面试晋级的机会。

最后是 Reporter，作为汇报者，务必要有总结陈述的能力，有一定的整体意识，清晰的逻辑和流畅的谈吐，这样才能在最后的汇报环节中给面试官留下不错的印象，为小组加分。

浅析求职职位与小组角色的关系

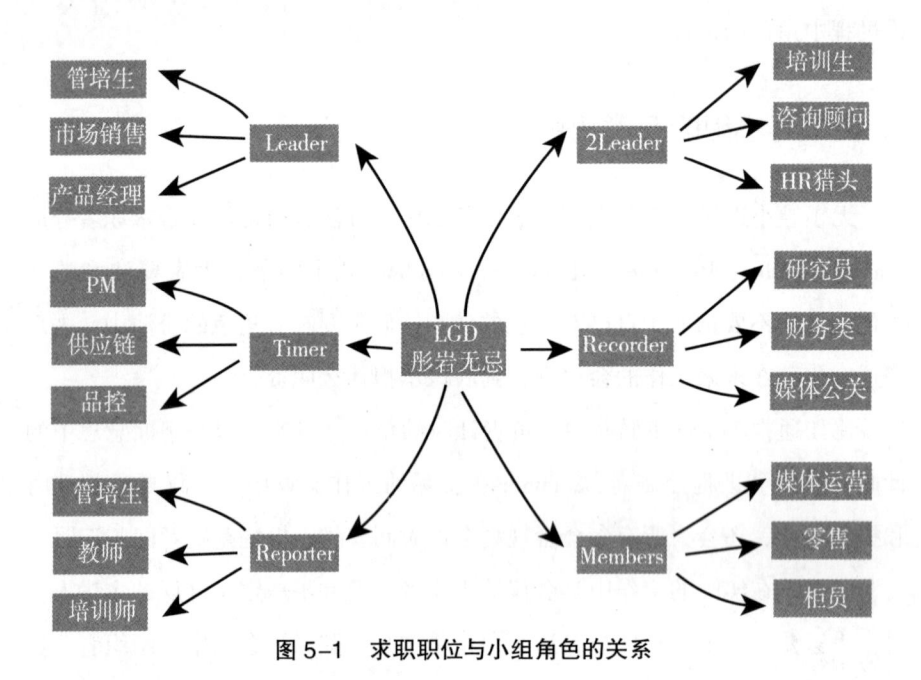

图 5-1　求职职位与小组角色的关系

为什么这样建议求职者去扮演对应的角色呢？原因很简单，因为这些角色在无领导小组讨论的过程中，会展现出很多特定的能力特质。而这些能力特质，是和很多求职的职位相符合的。也就是说，你在面试角色上的成功，最终同样会在求职职位的胜任力评估上为你加分。

无领导小组讨论技巧对职业发展的帮助

无领导小组讨论群面看似只是企业一个非必选的面试环节，却能够体现一名求职者的综合素养。不能靠临阵磨枪来提升在这个环节的成功率，要在平时的工作和学习中，多去练习揣摩、多提升自己的逻辑思维和表达能力，同时去体会讨论中自己所担负的角色和所作出的贡献。

无领导小组讨论中涉及和培养出的能力，也会对大家的职场发展起到奇特的作用。了解无领导小组讨论的技巧，不仅可以让管理者更好地把握下属的情况，还能充分调动大家的讨论积极性，让每一位参与者都能够感受到自己的价值。而作为会议的参与者，如果掌握了无领导小组讨论的技巧，也可以更高效地为讨论作出贡献，同时获得领导和同事的认可。

常见无领导小组讨论的 7 大题型

前面无领导小组讨论已经分析过 5 种角色，也特别讲过不同的角色对应的有利面试职位。将角色匹配的思维回归到面试的本质，可以让面试官很容易地发现我们和职位之间的匹配性。

接下来就一一分析在无领导小组讨论面试中最高频次出现的 7 大类题型，当了解了每个题型的特点时，就会更加游刃有余。

一、开放性问题

你觉得应届毕业生最该看重什么？

你觉得一个好领导需要具备什么特点？

讨论你对"男怕入错行，女怕嫁错郎"的看法。

题型分析

开放式问题顾名思义，就是可以从多个角度、多个方面分析的问题。开放性问题的特点是每个人都比较容易找到自己的切入点，然后展开陈述，但在同一个问题的回答中，不同求职者的差异往往会很大。

因为开放式问题是对求职者全方位的考察，包括求职者分析问题的全面性、准确性，思考的广度和深度，表达的逻辑性等，对求职者不仅要求流畅表达，还要求有独特的观点和持续质疑的能力。

面对这类问题，求职者往往会将注意力全部放在题目上，却忽略了开放性问题与求职职位之间的关系。

比如题目是"应届毕业生最该看中什么？"其实不同职位的回答方向是不同的。寻求市场、销售方面工作的求职者和寻求财务方面的求职者肯定要有不同的偏重。市场、销售方向可以偏重视野的拓展，用收入证明自己的能力；而财务方向可以偏重发展的稳定性、经验的积累和学习的机会。

开放性问题的难度比较低，所以在一些竞争比较激烈的岗位上采用并不多，主要是题目太过友好，不太容易引发激烈讨论，从而无法有效考察求职者在不同意见并存、争执下的反应情况。

如果想在开放性问题讨论中脱颖而出，通常要注重三点，第一点是回答问题角度的独特性，第二点是更深层次的分析，第三点是能结合当下热点实事进行阐述或引经据典。

二、两难问题

你认为企业利润更重要还是名誉更重要？

管理应该注重结果导向还是以人为本？

在大城市发展应该"成家立业"还是"立业成家"？

题型分析

两难问题通常会引起激烈辩论，因为题目设计的初衷就是要求求职者们经过讨论之后必须有个唯一选项，不能模棱两可。

虽然两难问题选哪一边一般都可以，没有绝对的对错，但是一旦选定一个回答方向，就要在讨论中，充分展现出自己的分析能力、语言表达能力、说服能力和被挑战之后的情绪管理能力。

在两难问题的讨论中，面试官通常通过观察求职者的选择，以及求职者陈述选择的理由，来判断求职者的性格、价值观与拟任职位直接的匹配度。因为两难问题需要求职者去说服非己方阵营的求职者，这就意味着求职者需要有较强的论点和论据的组织能力，并且能够及时在讨论中寻找和自己观点一致的"队友"相互配合，争取最后能够说服更多的求职者加入自己的阵营。

但要注意，既然是小组讨论，就需要小组做出统一的选择，否则最终讨论就会失败。所以有人可能会为了大局暂时放弃自己的坚持，这有时也是不错的选择。要知道，两难问题更多的是讨论过程的表现，而非最终选择人数的对比，有时适当妥协没有错。

在"大城市应该先成家还是先立业"的讨论中，不论你选择哪一个方向，都要有完整的立论过程，可以通过列数据、讲故事、聊政策等多种方式去证明自己观点的正确性，也可以通过各种方式去反驳相反观点。但是在两难问题的讨论中，很难出现所有人都选择同一个方向的情况，因为这就是两难类题目本身的特点。

三、资源争夺题型

问题一：某互联网游戏公司下一个财年计划拨出200万元的资金进行一个新游戏的前期开发，参加面试的求职者通过抽签分别代表策划、市场、开发、设计、财务、人力资源等部门，求职者需要为自己部门争取最充足的预算，并最终在小组内达成一个统一的资金预算方案。

问题二：参加面试的求职者分别代表8个不同的省份，为争夺下一届全国运动会的举办城市发言，每个求职者都会收到各自省份的介绍资料，并根据省份优势与其他求职者竞争申办权。

问题三：某互联网广告公司决定近期利用一部分宝贵的流量进行公益广告的投放，参加面试的求职者通过抽签决定自己所选的广告内容，并通过讨论最终决定唯一的一个投放内容。

（1）防疫意识方面的广告内容。

（2）保护野生动物的广告内容。

（3）为留守儿童捐款的广告内容。

（4）远离毒品的广告内容。

（5）青年志愿者招募的广告内容。

题型分析

资源争夺题型最大的特点是需要求职者以平等的身份去争夺唯一或抢占有限的资源，求职者不仅要全力以赴为自己所代表的利益争取更多资源，与此同时也要兼顾讨论进程，确保最后小组有统一的结果输出。

因为资源争夺题型通常都是采取现场抽签方式决定各自的方向，所以特别考察求职者的反应速度，同时需要求职者具备良好的分析能力、概括总结和说服能力。

这类题型有一定难度，所以如何在有限的时间内能将自己的优势说透，把不选自己的后果说尽，就是回答的主要逻辑。要尽可能地让面试官和其他求职者都能够选择支持自己的立场，并相信选择自己是能够为大家带来最大的利益或使资源可以价值最大化。

比如问题三，如果你抽到的是远离毒品的广告内容，你可以先进行毒品危害的阐述，从最近新闻事件延伸到这是社会所极力倡导的宣传方向，同时也把毒品对儿童、青少年危害的严重性说透，在阐述危害性时可以从身体、精神两个层面进行，也可以以史为鉴，将毒品对社会风气、民族精神的影响进行更高层面的表述。

其次，如果你能列举当下受到毒品危害的人数和比例，就会让面试官和其他求职者意识到原来身边可能就会有被毒品危害的人，加深大家的切身体验。

最后，你可以讲一下互联网本身是可能滋生毒品危害的温床，所以当选择在互联网的渠道投放远离毒品的广告时，更能够触及需要远离危害的人群。如果能让面试官和其他求职者联想到自己的弟弟妹妹或孩子，他们也能够受到广告的正面影响而远离毒品时，会更有说服力。

除了解题思路，因为题目本身的缘故，一定会出现求职者之间互不相让的局面，这也是特别需要注意避免的"坑"。在争夺资源的同时，要有全局意识，要将讨论成功作为全部求职者的统一目标，在讨论时一方面照顾到每一名求职者的参与感，同时也要及时提醒陷入僵局的求职者，务必要在讨论时间结束前达成一致。

四、多项选择题

有这样一个例题，所有求职者乘坐小型飞机时落入了侏罗纪公园的一片热带原始森林中，虽然无人伤亡，但飞机已毁坏。因生存需要，必须尽快走出原始森林，在离开前一共可以挑选5件物品随身携带，请选出5件物品并陈述理由。物品包括如下：

汽油打火机、砍刀、一罐牛奶、指南针、太阳能发报机、压缩饼干、便携式取暖器、500毫升汽油、5升白酒、急救箱、救生索、手枪、地图。

题型分析

多项选择题往往要求求职者通过讨论共同选择出备选答案中的部分选项，并在讨论结束后形成统一的意见，多项选择题主要考查组织协调能力、问题分析能力、沟通能力、团队精神，某些题目还会考查到某一领域的专业知识和经验，或求职者常识储备等。

解答多项选择题时，要非常重视前文中讲到的思维导图笔记的使用。这里使用思维导图可以清晰记录每个人讨论的进程，也可以对某一项物品进行针对性总结分析。

在解答多项选择题时要注意时刻保持清晰的逻辑，首先明确选项，同时要敢于积极表达，主动带节奏。其次要仔细倾听其他求职者的陈述，特别要注意一点，无领导小组讨论中尽量避免使用投票决策，而要充分给少数反对者发言的机会。

多项选择题惯用"归类"法，可以按不同的用途、属性或选择进行归类，比如例题中，可以按导航、保障自身安全、通信联络、食物保障等多个用途进行分类，然后按必要性排序后进行讨论选择。

同样适用于"归类"法的还有下题：

小组成员共同乘坐一艘私人游艇在海上游玩，突然因不明原因船体下沉，预计还有20分钟游艇将彻底沉没，此时游艇导航已部分损坏，只显示离最近的陆地约有800海里，东北方向。

幸运的是，大家已经转移到了一艘带船桨的救生筏中，请在船体沉没之前，通过讨论选择6件物品随身携带，需要在规定时间内确定携带物品清单，并说明理由。物品包括如下：

小镜子、一桶20升的纯净水、蚊帐、六分仪、压缩饼干一箱、海区图、一小桶汽油、小收音机、驱鲨剂、一块15平方米大小的不透明塑料布、一瓶高度白酒、15米尼龙绳、一大盒巧克力、全套渔具。

首先要确定逃生方案，根据不同的逃生方案，选择"自救""他救""不救"等不同方向的物品清单，而物品也可以归类到"生存""保护""联络""无用"等几个不同类别，这样就能在不同的方案中，进行清晰的选择，并且通过对比选出最终的答案。

记住，多项选择题往往也没有完全正确的答案，只要逻辑自洽就可以了。

五、操作题

问题一：小组内所有成员共同使用若干报纸作为材料，要求在45分钟内设计并制作一个建筑模型。要求模型美观、有一定创意，制作结束后给模型命名并派一名汇报人员讲解模型的创意和制作过程。

问题二：小组内所有成员在限定时间内，共同组装一个无图纸、但有缺陷的板式家具，同时利用仅有的其他材料尽量修补，最终目标是不影响使用，也没有安全隐患。

题型分析

操作型群面题也可以叫动手题，通常面试官会提前准备好一些材料或道具，要求求职者通过团队协作共同努力完成一个既定的目标。在面试中通常重点考查想象力、沟通能力、协调能力和动手能力等。

有些操作题其实有很大的难度，甚至最终也无法完成，但是我们要知道，这样的题目通常是要考查有操作能力的求职者。同时面试官不仅关注最终任务结果的完成情况，也非常注重过程中的细节观察，包括设计思路，以及过程中如果失败求职者会不会相互指责等。

六、方案设计类题型

问题一：设计一个AI智能机器人，让它成为家用机器人市场的畅销品。

问题二：如何用5G技术改善北京交通状况。

问题三：针对公司现有的某新产品，设计市场推广方案。

题型分析

通常方案设计类题型要求根据一个特定的需求，在特定的背景中，完成一个高质量的可执行方案。这类问题最特别的地方在于通常和现实有强关联性，不能脱离实际生活和工作场景。

很多互联网企业有时也会把实际工作中遇到的真实问题，放到面试中来，如果真的有求职者当场就提出来非常实用的解决方案，就很容易得到面试官的关注。

想顺利完成方案设计类题型面试，平时就需要培养方案设计的思维，养成随时思考的习惯，这样才能在短时间内对一个问题提出逻辑清晰、思考角度独特的解决方案。有些求职者擅长项目管理，可以将具体的方案落实到执行计划的层面上，会加分不少。

通常方案设计要能够快速、准确找到亟待解决问题的关键点，能够透过现象看到本质，并且提出具备实操价值的可执行方案，当然也可以不只提出一个方案，在面试时间、条件允许的情况下，提出 A、B 方案的小组会让面试官刮目相看。

七、新型面试题

辩论：成功靠智商还是靠情商。

"狼人杀""谁是卧底""密室逃脱"等游戏。

题型分析

新型群面形式层出不穷，授人以鱼不如授人以渔，这个部分我们不再具体分析某个题型的解答逻辑，而是再次回归到群面的本质。群面其实是希望透过面试，能够发现求职者和职位之间的匹配性。

当拿到一个群面题时，首先要考虑这个群面题的具体形式是什么类型，其次是这类群面主要考查什么能力，再次是求职者应聘的职位中哪些能力和群面题型考查相同，最后思考自己该承担什么角色，以及在群面中如何将关键能力展示给面试官。

高质量地完成群面离不开平时的积累，真实的群面或群面模拟中积累的经验十分宝贵。熟悉群面的求职者，几乎是在几秒钟的思考之后，就可以快速分析题型及策略。而不熟悉群面的求职者，可能在群面结束之后，都不一定能够很好地理解面试的目的。

所以，重要的不仅是要提前学习、了解群面的特点，更要把握身边各种能够"实战"的机会。如果有机会在群面模拟中扮演面试官，那就更好了。群面是通过行为来判断求职者的胜任力，而能够设身处地站在面试官的角度去观察一场群面，会对自己的面试有更多帮助。

第六章　创建你的投递计划：用项目管理的思维来求职

PM 项目管理思维求职

一、求职和年夜饭

这是个奇怪的联想是不是，求职和年夜饭有什么关系呢？这里面是一个非常有趣的类比，综观求职的过程，其实很像在准备一次年夜饭。

用餐时，让用餐者垂涎三尺（拿到 Offer），就要让菜品色、香、味俱全，并且符合用餐者口味（从简历到面试全面展现求职优势，与职位高度匹配）。其中要规划好每一道菜的制作流程和食材的选择（求职材料的准备和求职计划的管理），最后用多年的下厨经验和提前试菜来确保最终的年夜饭质量（工作实习经验及求职技巧的操练）。

试想一下，如果让你现在来负责家里年夜饭的准备工作，要想让家人赞不绝口，你会如何安排？

通常要提前了解家人的口味喜好和有无忌口，然后设计菜品的搭配，再进行食材采购和炊具的准备。为了确保食材的新鲜，大部分菜品都会当天制作，复杂的菜品要设计好制作的步骤。

有些菜品要一气呵成，有些菜品则需要很早就进行第一道工序的准备，这就涉及多个具体流程中间的并行操作。如何确保每个菜品的质量，并且不会手忙脚乱呢？这就涉及了一项专业技能，"项目管理"。

二、项目管理

根据美国项目管理协会（PMI）的定义，项目是"为了创造独特的产品、服务及成果而在一定的时间内实施的工作"。通俗地讲，项目管理的意义是在特定的期限内高质量地完成特定的目的或目标。

如果把求职也当成一个项目来看待，那么这个项目的期限对于已经毕业的求职者只有短短数周，对于还没有毕业的同学们则可能是长达一年的毕业季。

而要完成的特定目标，就是拿到一个让自己在职业发展规划中，非常符合自己的优势，并对职业生涯有意义的 Offer。那如何制订这样的优质目标呢？需要符合以下几条黄金法则。

目标制定 SMART 法则（Specific、Measurable、Achievable、Relevant、Time-bound）：

· 具体清晰、可视化

· 目标可以衡量

· 目标可以实现

· 目标有一定激励性

· 有明确截止时间

三、SMART 法则应用到求职目标制订中

求职目标清晰。求职大方向要明确，比如自己是就业还是创业、是企业求职还是考公务员事业编，当然还有的同学要在就业、考研和留学中进行选择。

同时目标最好能够可视化。比如要寻求一份财务岗位的工作，一个清晰可视的目标可以是这样的：互联网行业某公司某事业部的会计岗位。同时你可以把公司的 Logo、会计岗位 JD 的每一条要求，甚至在网上找到的目标公司的工作照片贴在墙上，作为激励自己的可视化目标。

这样的好处是，每每看到清晰、可视化的目标时，都会激发自己的斗志，用入职的结果来刺激自己做更全面、更充分的求职准备。

子目标可以衡量。既然选择一个准确的目标，就会有入职对应的要求或条件，这些条件都可以作为实现最终目标的一些子目标。如一个职位要求从业证书、英语成绩、最高学历、工作经验或实习经验，这些都是可以明确衡量的目标，只要实现这些子目标，那么应聘成功的概率将大大增加。

目标可以实现。目标一定要具备可实现性，不要定实现不了的目标，这样会容易失去动力。目标一定是在有限的时间内，通过努力可以达成的，否则就失去了定目标的意义。

求职目标有正向激励性。目标应该反映求职者积极向上的意愿，并且求职目标的完成会令求职者愉悦。

有明确截止时间。目标需要有明确的期限，不仅要有求职目标的截止时间，相关子目标也要有截止时间。

举例：在 2022 年 12 月 31 日前，拿到互联网某公司运营专员 Offer，需要在 2021 年 7 月 31 日前具备相关专业研究生学历、英语 CET－6、两段高质量的互联网大厂实习经历并做好全面求职的准备。

这样我们就把 SMART 原则进行了很好的应用，同时设定了几个有实现截止日期的子目标。

四、项目管理的五个过程组

启动过程组（Initiating Process Group）

规划过程组（Planning Process Group）

执行过程组（Executing Process Group）

监控过程组（Monitoring and Controlling Process Group）

收尾过程组（Closing Process Group）

五、项目管理的五个过程组应用在求职过程中

求职启动阶段：这个阶段更多的是全面分析和策划的过程，通常失败的求职结果，往往都是因为启动之初便出现了问题。在这个部分把必须要完成的各项工作进行系统罗列，比如：如何具备良好的心态、如何做好职业生涯规划、如何确定求职方向，如何将网申、简历、群面、单面都提前准备好，

如何度过试用期等。

将各类想法通过科学的分析整理，确定好符合 SMART 法则的求职目标，同时找出所有关键子目标。

求职规划阶段：这个阶段要预估整个求职过程所需时间，再考虑有无优化空间，是否可以缩短完成时间。同时制订各子目标的完成周期，思考完成各子目标的必备条件。

通常在求职规划阶段，容易犯的错误是高估自己的能力或知识储备，往往会将子目标的完成时间制订得过短。经常会有求职者将自己糟糕的时间管理暴露无遗，原本能完成好的事情，却被很多意外打断最终导致失败。所以规划阶段，最好能找到有经验的前辈参与制订，否则往往都会因为规划不准确导致手忙脚乱或最终未达标。

此时应当制作一份"求职管理表"，用来记录和监督求职管理的过程，可参考表6-1。

表 6-1　　　　　　　　　求职管理表

具体求职目标				
准备项目	子目标细节	开始时间	截止时间	完成度
职业探索				
职业访谈				
职业规划书				
简历制作				
网申投递管理				
单面技巧学习				
群面技巧学习				

求职执行、监控阶段：执行、监控阶段最为重要，这时还需准备一个"投递跟踪表"，如表6-2所示。

表 6-2　　　　　　　　　　投递跟踪表

投递时间	公司	投递渠道	投递进展	岗位名称	薪资	距离	笔试跟踪	群面跟踪	单面跟踪

投递跟踪表可以记录求职投递的具体细节，对每个投递过程进行跟踪和调整。在投递遇到问题的时候，应当及时分析并作出调整，确保每次投递都有跟进、有结果。

求职收尾阶段：通常到这个阶段，整个求职计划已进入尾声，此时主要完成的是入职前的准备，要为马上到来的试用期做好全面准备。

六、项目管理的十个知识区域

集成管理：这部分需要掌握系统、全面的知识，简单来说，它也综合了下面九个不同的知识体系。

范围管理：明确求职目标并进行管理，不要做超出求职准备需要的无用功，比如有的求职者会盲目考取证书，花费大量的时间最终却对求职毫无加分作用。

时间管理：明确各子目标的计划细节，并进行管理，确保子目标如期完成。

成本管理：这一部分首先要拓宽一下思路，现在还有小部分人觉得求职只能靠自己，这是非常落后的想法。在知识付费的时代，很多经验技能的积累，都可以通过购买各类付费资源提高自己的求职成功概率。通过书籍、课程、辅导，以及证书的考取等方式快速增强自己的竞争力，这样的投资很有必要。

同时，求职过程的成本管理也要提前计划。这样才不会因为经济压力而接受一个比较勉强的 Offer。

质量管理：这个部分要明确监控每个子目标的过程执行质量，通过制订明确的质量目标，最终达成相应的高质量结果。比如在网申环节，要明确每一次网申都要根据企业岗位的差异，有针对性地调整简历以达到最好的投递效果。

人力资源管理：如果身边有同时求职的伙伴，那会是一件幸福的事情，因为在求职过程中大家可以相互支持。同时需要充分调动自己的人脉关系，不论是在职业访谈中的访谈对象，还是在简历修改中的辅导老师，或是面试前模拟面试官的对象，都需要提前联系、准备好。

沟通管理：这里指两部分，一部分是自我反思和自我对话，目的是及时复盘保持思考；另一部分是和面试官的沟通，需要从面试官的角度出发，完成每一次的高效沟通。

风险管理：在求职计划中，风险管理意识十分必要。很多同学因为没有 Plan B，导致直接错过毕业时的秋招最佳机会，甚至有的同学直到离开大学都没有拿到 Offer。所以一定要准备好 Plan B 甚至 Plan C，避免或减轻最后求职目标没有达成的结果，特别是准备考公务员的同学，可以做好企业求职的双保险。

采购管理：采购管理和成本管理有不少相同的地方，对于求职计划而言，主要考虑如何进行求职类课程学习，规划好支出，让学习的价值倍增。

干系人管理：同时，我们也要把所有和求职相关的干系人进行提前梳理。比如家庭长辈对求职的影响，有的时候是好的，有的时候是坏的。要尽量主动影响、掌控局面，合理吸收家人、同学对你的求职建议，不要摇摆不定。

七、根本原因分析法（Root Cause Analysis，RCA）

如果求职未能按计划推进，一定要马上找到原因，千万不要得过且过，否则会影响求职的整体进度和结果。在平时的辅导中，大部分求职者都是因为没有及时解决问题，导致了进度的拖延，最终求职信心下降，求职失败。

而 RCA 根本原因分析法，就是一个较好的解决难题的工具，可以准确地分析为什么会产生那种情况。RCA 的重点是"准确"二字，通过不断询问"WHY（为什么）"，来达到不论如何思考，最终都会得到同一个答案的目的。

在求职中，往往会遇到很多中断求职进度的情况，如常常在电话面试后丢掉面谈机会，无法获得见面面试机会。这时一定要停下来，通过求职经验来仔细判断，是不是电话中的回答出了问题，还是没有清晰地展示自己的职业规划，让面试官放心。只有立刻找到问题并解决，才能继续保持高昂的斗志，贯彻执行求职计划。

记住，只有解决了求职中的问题，才能获得最终的求职成功，一定不要囫囵吞枣执行所有的求职技巧，更不能稀里糊涂地碰运气，错过了最佳求职时机。

八、将项目管理的思维带到工作中

项目管理的思维不仅可以应用在求职管理中，同样适用于生活、学习、工作中。项目管理的思维还可以将成功带进你未来的生活和家庭中，让你具备更好的工作生活平衡感，拥有更高的幸福指数。

简历、网申石沉大海的 10 大原因

自己改了一遍又一遍的简历，也看不出什么问题了，为什么投出去不是石沉大海就是马上被拒呢？这恐怕是很多求职者遇到的现实问题。

很多求职者在投递简历之前，确实很辛苦，使用了很多方法去修饰、润色自己的简历。认为从"简历方向、简历格式、简历内容"三个层面都已经达到了比较好的展示效果，所以在投递之前觉得简历已经没有问题了。

可越是这样，自己就会越迷惑，简历都已经做得这么好了，怎么还是一投就没音信呢？

如果你自认为已经投递了一份"100 分"的简历，为什么还会遇到这么多种难以处理的情况呢？

公认一份简历好其实很难，为什么？因为不同的 HR，从不同的角度看待这份简历都会有不同的建议。除了针对简历的建议，其实还有很多需要考虑的问题，在没有明白这些背后的原因之前，求职者通常都会束手无策，一头雾水。

这好比辛辛苦苦做了一大桌子菜，但是座上宾来自不同地区，有人爱吃酸、有人爱吃辣，有人喜欢吃软和的，有人喜欢吃硬脆的，真的是让人很头疼。求职者的简历，在投递出去之前可能无法预知面试官的口味。

那是不是我们就一直会处在猜测的状态中呢？当然不是的。接下来就一起学习造成简历、网申石沉大海的 10 大原因，并且掌握行之有效的改进策略。

一、投递过晚或过早

虽然很多人投递的时间看起来是在简历接收的截止日期之前，或者投递的时候这个职位并没有下架，但是如果投递得过晚，很有可能面试官已经在这个 Headcount（职位数）上发了足够数量的 Offer，自然你也就没有机会了。

投递过早也不合适，太早是指在职位收取简历的初期，面试官还没有来得及查看。当简历库可以看到很多简历时，HR 开始从近期收到的简历开始查阅，导致最开始投递的简历被延后搁置。

当然还有一种情况的"投递过早"。这个"过早"指的是一种隐藏的特殊情况，是指"HR 暂时还不需要这个职位的候选人，而是挂在网上提前储备人才或做某些测试"，当然这种情况并不多。

解决方法：提前搜索、巧妙投递

如果你看到一个职位的投递截止时间还有很远，这时不要放松和拖延，立即着手准备并投递，记住这样的情况下早投一定比晚投好。上文提到的两种投递过早的情况，虽然可能发生，但概率不高，不用过分担心。

另外，建议尽可能收集各大投递企业职位招募的截止时间，提前收集到更多的投递信息，这样可以及时确认每一家企业的投递截止时间。

二、价格过高或过低

价格过高也可以理解为，你的履历看起来 Overqualified（资格过高），比如一个比较普通的职位，而你的学历、学校或以前老东家是知名企业等，都有可能让面试官觉得有点"大材小用"，或者更直接的是，你填写的期待薪水相对这个职位的预算显得"过高"。

还有一种情况，就是你的履历看起来有点 Low，比如你期待的薪水过低。求职者要注意，HR 并不是觉得薪水越低就划算，比如原本一个职位给出的月薪范围是 8000~9000 元，这时收到了一份期待薪水 5000 元的简历，HR 会担心这名求职者之前的职位太低或工作难度不高。

解决方法：增加求职信或隐藏期待薪水

如果过往履历很好，而投递的是中小企业或创业公司，这时建议首先隐藏自己的期待薪水，与此同时可以在邮件投递简历的时候，正文增加一封求职信，在求职信里你明确写下你的目标是"寻求创业公司、中小企业"，并说明原因，这样你会被重点考虑，并且较受欢迎。

如果履历比较普通，比如学历、经验或过往薪水都不出众，同样建议先隐藏自己的期待薪水，同时要认真书写求职信，在求职信中表达你对用人单位和职位的求职意愿，并且解释自己没有达到要求条件的合理原因，再多些篇幅书写自己的匹配优势，以及自己为什么要坚持投递的强烈动机。

三、资质太普通

有的时候 HR 发布的职位描述中，并不会把一个职位的隐性需求都写得很清楚，通常只会表达显性需求。这样会导致很多刚刚达标的求职者前来投递，但是其实 HR 心中有更期待的求职者画像，希望能够吸引到更优秀、超出职位基本需求的求职者。

所以要学会解读职位 JD 中的隐性需求，比如在一个"市场营销"的职位 JD 中，要求"了解市场营销的工作流程"。那什么样的简历可以让 HR 眼前一亮呢？可能要在简历中明确表达"熟悉新媒体、传统媒体、地推等多种营销形式，并且有十几次成功的市场营销活动经验"的简历才会真正符合

HR 的预期。

解决方法：优化简历、直接沟通

首先要仔细分析职位的需求，不仅要解读出职位的基本要求，也要对如何成为"优秀的求职者"进行思考。同时，要争取更多的机会进行直接沟通，比如通过即时通信类的求职工具，可以直接与面试官建立联系，也可以尽早向面试官表达自己的求职意愿，弥补资质上的不足。

不过，要做好心理准备，有时拼尽全力最后可能结果并不理想。特别是很多网申过程是用设定好的计算机程序来筛选的，资质不够的求职者，面试官可能都看不到投递的简历。不过，求职无非是匹配性问题，记住，不匹配并不代表自己不好。

四、面试官太忙

这个原因也很常见。特别是每年上半年校园春季招聘期间，大家都在扎堆儿寻找工作机会，这样的集中投递会让面试官的邮箱爆满，所以这时就需要掌握一些求职跟踪的技巧。

解决方法：做好求职跟踪

本章之后的内容中有详细讲述"投递后跟踪的三种方法"，求职者可以按图索骥。如果心仪的职位投递了一段时间内都没回应，想办法主动提醒一下面试官是很有必要的。之前辅导的案例中，有很多都是求职者主动跟踪提醒之后，面试官才提前看到简历。

五、入职过晚

入职过晚，比较好理解。如果这个岗位是急聘的职位，你不能及时入职，或者人在外地需要搬家。当然像新冠肺炎疫情期也有特殊情况，有的职位无法远程办公，要求及时实地到岗，这些都是经常遇到的情况。

解决方法：修改所在地、及时沟通

如果你不能及时入职，但又十分看重这个工作机会，一定要通过电话、视频、见面的方式诚恳表达入职意愿，并且明确讲述原因，告知 HR 自己正在全力以赴尽量缩短入职的时间。

也可以留意自己网申或简历中填写的所在地，尽量填写目标岗位的所在地，这样会避免 HR 因为所在地不同造成入职时间上的担心。

六、职位变化

职位变化通常有两种情况，一种是职位已经过期，但是 HR 没有及时下架，另一种是职位的要求已发生变化，但是 HR 没有及时更新，或已经更新但求职者没有关注到新的 JD。

虽然一家企业的职位是由 HR 统一发布的，但企业中的用人部门可能会随时调整需求，所以也会有一些不及时性。另外，对于很多初创企业来说，工作内容的调整有时也无法及时反馈到招聘职位的说明中，这样的情况也很常见。

解决方法：保持关注、直接沟通

第一，投递简历后，要养成跟踪的习惯，包括已经投递的职位也要定期查看最新的职位 JD，以免 HR 进行了调整，但求职者并没有及时进行简历的更新。

第二，依然建议通过 Cover Letter 或电话、邮件的方式，进行投递后的状态跟踪，这样可以有机会直接向面试官了解职位变化的细节，并且表示自己依然匹配。

七、内部提拔

有时你会看到一些"假"职位，什么意思呢？就是这个职位其实是一个内部竞聘或内部提拔的职位，但是 HR 依然会把它对外公开。这样做有两个目的，一是给内部竞聘的员工一些压力和参考标准，二是做人才储备，万一外部投递的求职者的确比内部竞聘的员工优秀、划算，就可以更好地发掘人才。

解决方法：刷存在感

通过求职信表达强烈的求职意愿，并在面谈时经过充分准备，展现出对应的优秀能力，很可能你也会有机会。退一步说，即便这个岗位不行，也可能邀请你去试试其他的职位。

与此同时，要保持和面试官的联系，谁也不知道未来准确的职位变化和需求。也许你的保持联络，会在工作机会出现的第一时间，让面试官想到你。记住，要保持存在感。

八、不在职

很多求职者其实不太了解，有一些面试官会比较青睐还在职，但寻求工作机会的求职者。虽然你的学历、素养和经验都很适合，但是你却有一段工作空窗期，这会让面试官有些莫名担心。有时面试官会担心求职者是因为发生矛盾被突然辞退，或是求职者有很多棘手的事情仍然在处理，再或者可能是求职者太随意，以后会影响到工作状态等。

解决方法：求职信或兼职工作

通过求职信说明自己的情况，让面试官充分了解你的情况并不会影响工作。你也可以快速找一份兼职工作，当然工作的相关性很重要，然后试着将这份工作经历填写在简历中，至少可以获得面试机会，再当面解释。

面试官的确很担心两类求职者，一类是毕业后一段时间没有工作的，另一类是出现较长时间工作间断的求职者。

九、特殊原因

关于面试官"保有刻板印象"的话题，也算是老生常谈，隐藏在很多面试筛选标准背后的，可能是这些关键词：本地人／外地人，专科／本科／研究生，三本／二本／211/985/双一流，有相关经验／没有相关经验，男／女，未婚／已婚未育／一孩／二孩，地域／民族，大企业工作经验／无大企业工作经验等。

这些无疑会存在于一些面试官的潜意识中，该怎么打破这样的局面呢？

解决方法：隐藏＋沟通

把可能被贴标签的信息提前隐藏，另外要学会主动沟通，坚持沟通，之前辅导的一些求职者中，有的面试官已经告诉他面试失败了，自己还是坚持争取，最后成功获得了工作机会。

十、猎头推荐

猎头推荐有利有弊，虽然很多求职者都会接触到猎头，但是猎头和用人单位之间的关系可能没有想象中那么亲密。有不少猎头是在服务新的客户，这些用人单位通常都会做些招聘成本和简历质量的比较。

有的求职者的简历如果直接投递到用人单位，很有可能会被直接面试，但是当猎头推荐同样的简历时，就要考虑猎头的推荐成本，而且需要更优质的简历，否则用人单位在猎头这里支付的额外费用就没有意义了。

解决方法：直接投递、巧用猎头

当猎头联系你的时候，需要判断一下目标单位和职位是否需要猎头帮你推荐。通常比较有挑战性的工作机会是需要猎头帮忙的，而比较普通的职位建议自己直接投递类似岗位。不过即便你觉得推荐职位不适合，最好也保持和猎头的紧密联系，一个成熟的职场人，一定要有一些猎头的资源。因为很多猎头都有很强的推销能力，可以让你获得凭借一己之力难以企及的职业发展机会。

如何打败网申机器人：通过简历筛选系统

你可能已经发现，辛辛苦苦写的简历或填写的网申信息，最终连让 HR 看一眼的机会都没有，在机器筛选的过程中就被淘汰了。

近些年，各类大中型企业都开始陆续使用招聘管理系统，这类系统有效提升了用人单位的招聘效率、降低了招聘成本，同时优化了人力资源和其他部门之间的工作协同效率。

与此同时，"机器人"也成功占领了"第一 HR"的角色，计算机程序成功替代了以前人工筛选的第一步，这也就意味着，如果不打败机器人，那么你将是被机器人先踢出局的那一位。

一、醒醒，你写的简历要能够被机器读懂

辛辛苦苦写的简历，原本以为会被逐字逐句的阅读，并让 HR 心中窃

喜，迫不及待拿起电话拨通你的号码，然后告诉你，你非常适合这个职位。

事实却是，也许从你打开网申页面开始，或者在 E-mail 敲入第一个字母开始，直到你的简历石沉大海或者收到一封礼貌的拒信，HR 连看到你简历或信息的机会都没有，全程都由机器人代劳，包括给你写拒信。

二、计算机系统可以掌握求职者的生杀大权吗

对于很多求职者来说，事实的确如此。越来越多的招聘管理系统（ATS）被各类用人单位采用，HR 可以逃离以前没日没夜的简历初筛工作。

招聘管理系统拯救了 HR，哪怕是最初的关键词筛选和学历成绩的区分，都可以大大减轻 HR 的压力。到今天为止，多数企业招聘管理系统已经应用了 AI 人工智能的技术。

现在机器人不仅可以进行简历中资质、经历、技能等关键词的匹配和筛选，还能够为通过的求职者打上标签，当 HR 淘汰或晋级一名求职者时，机器人还可以自动学习并归纳筛选标准和喜好，下一次再推荐简历时会变得更加精准。

而这一切，让那些还不明白招聘管理系统如何运作的求职者，被机器人毫不留情地淘汰，简历投递到应用了招聘管理系统的企业时，可能连被 HR 看一眼的机会都没有。

三、谁动了你的奶酪

你原本以为目标这样就可以达成的，殊不知早有人把你的奶酪偷偷挪走，而你却重复着无效投递。

四、目标是："能被机器读懂，并且打出高分！"

在综合了多家企业招聘管理系统的使用经验，并经过与多位知名企业招聘经理的探讨之后，我们归纳出 4 点非常实用的建议，也是 4 个简历比较容易被淘汰的原因，全部展示给求职者，希望求职者在 AI 时代不再迷惑，顺利见到面试官。

建议一：书写一份"能被机器读懂"的简历。

别把简历做得太花哨！先要明白招聘管理系统是如何阅读到简历信息

的。如果是网申当中直接填的信息，机器可以毫不费力地进行处理，但作为附件上传的简历和其他求职材料，或者邮箱投递的内容，就不一定了。

有时一些求职者为了让 HR 觉得自己别具一格，会使用不太常见的字体，或添加一些替代文字说明的图片，这在 HR 眼中也许是 OK 的，但你可能给机器程序出了一个难题。招聘管理系统在处理这些不常见的信息时，可能会直接忽略掉，也就意味着你原本计划最出彩的地方被毫不留情地无视了，所以要学会理解机器的阅读习惯，抓紧修改。

TIPS

如果一个优秀的求职者最后被机器人淘汰了，这可能会成为用人单位和求职者的遗憾，然而这样的情况也许天天都在发生。

虽然现在 OCR 文字识别技术越来越精准，可以识别抓取到 PDF 和图片当中的各种信息，但是对于不太常见的字体仍有可能出错，特别是图片当中的信息。所以保险一点的操作是，只用最常见的系统默认字体来制作简历，并且尽量通过字符的方式将简历中的信息同步体现在网申填写的内容当中。

建议二：采用通用的标题。

有些简历模板是设计师做的，但这是把双刃剑，因为在简历中一些关键的模块标题被图片替代或者被"艺术化"处理。HR 亲眼看见时并不会有很大影响，而当机器去读取和识别归纳的时候，就会遇到问题。

比如最常见的"工作经历"，有的求职者为了别出心裁，替换成"突出表现"或"过往成绩"，然而被机器来识别的话，很容易就会丢失掉这部分内容，或者将这部分内容放入错误的分类中。

TIPS

使用最常见的、通用的模块标题，让机器可以更准确地读取你的信息，比如，"工作经历""实习经历""校园经历""专业技能""荣誉奖项""兴趣爱好""项目经历""课程设计""毕业设计""自我评价"等。

但如果你已经获得了和面试官见面的机会，就可以在随身携带的纸质版或电子版简历中替换成有个性的标题。

建议三：包含"关键词"。

接下来要挑战目标的下半句，"能被机器读懂，并且打出高分！"——打出高分！

机器是如何给一份简历或网申信息打分的呢，其中有一种方式就是关键词匹配，也就是说，通常一份简历或网申信息中包含的对应关键词越多，就越能够获得高分。

那这些关键词从哪里来？在第三章简历制作时有专门讲过关键词，大家可以复习一下。随着大数据技术的发展，很多岗位的关键词已经被各大招聘管理系统自动配置，HR可以通过后台进行增、删、改，把这个职位求职者最应该具备的关键词都填好。

比如对于一个移动端App-UI设计的岗位，可能HR会填入这些内容：

·Photoshop（PS）

·Illustrator（AI）

·AE

·UE

·UX

·美术功底

·沟通能力

通常一个职位可能有几十个甚至上百个关键词，当你的信息中包含了这些关键词，并且数量和匹配度达到一定标准时，你的简历就很有可能会及时被面试官看到。

TIPS

第一，你要确保自己是一名专业的从业者，你要有相应的学习经历、专业技能、实习工作经验，这样才能够在简历中准确无误地提及这些关键词。

第二，你要做好投递前的调研，要从行业、企业和职位等多个维度提前做好功课。特别是对职位JD的解读，要能够将目标职位所涵盖的硬性技能、软性技能全面分析透彻，并且也要读懂HR心目中的显性需求和隐性需求。

五、再次学习收集"关键词"

前文中提到较好的办法是从一个职位的 JD 开始，学会去研究一份 JD。因为 JD 是 HR 耗费了大量的精力和用人部门领导进行研讨，并且结合过往用人经验形成的参考材料。

通常 HR 一定会把匹配性最高的关键词直接放入一份职位 JD 中，我们再通过两个案例加深对"关键词"的理解。

Web 前端开发职位的 JD 中，尝试提炼一些关键词，请注意一下加粗的部分。

职位信息

岗位职责：

（1）负责 **PC 端网站**、**移动端网站**的**开发**工作；

（2）根据产品设计师完成**静态页面**和**交互**，配合**后端工程师**完成网站功能；

（3）具备一定的 **UCD**、**UX** 设计能力；

（4）有**责任心**，良好的**沟通**表达能力、**团队协作**能力。

任职资格：

（1）熟悉原生 **JavaScript**、**Jquery** 框架、熟悉 **HTML5**、**CSS3**，响应式布局，能够使用它们实现前端交互效果；

（2）掌握 **VUE**、**ElementUI**、**H5**，对**网页标准**有成熟的理解，能够很好地解决**兼容性**问题；

（3）掌握 **HTML5** 相关技术要点，并在实际项目中有应用；

（4）专业扎实，在 Web 和**移动端前端架构**、**模块化设计开发**、**安全和性能优化**等方面有丰富的项目经验；

（5）熟练开发**前后台交互**（**restful**），可以运用**前端插件**实现复杂功能。

这些被标记的关键词，如果能在你的简历或网申信息里体现，甚至进行全面覆盖，那一定会让机器人打出高分，并且也会让 HR 感觉你的匹配度很高。

再来看一个通用岗位——财务分析岗位的案例。

职位信息

岗位职责

（1）按照集团管理会计规划，推动管理会计报表系统建设项目在电商的落地应用，加强成本费用管控意识，促进各平台经营责任中心下沉，助力电商经营业绩达成，协调各业务部门打通电商业务内外部系统数据流。（2）按照财务部整体管理要求，完成电商业务全流程梳理，识别各个环节的工作关键风险点，制订风险管控清单。（3）统筹编制电商业务年度预算、滚动预测，定期出具电商财务基础报表、管理分析报表、预算达成以及财务分析报告，针对生意额、增长因素、利润率、投资回报率等经营指标进行分析并提出改进建议。

任职资格

（1）学历：本科及以上，财务相关专业。（2）财务工作要求：具有从事电商业务管控及分析经验；2年及以上业务财务或者财务分析工作经验。（3）其他要求：①（内部员工）熟悉公司财务信息系统使用情况。②熟练掌握会计基础知识、财务预测、财务管理分析、预算管理、市场营销知识、内控与风控知识等。③内部员工熟悉企业文化、业务流程等。④掌握良好的分析能力、解决问题能力、交付结果的能力、业务伙伴意识、结果导向型思维、团队协作意识等。

六、你 Get 到新技能了吗

要注意不要矫枉过正，千万不要为了覆盖所有关键词，把简历写成关键词大列表，那样也许机器能够通过，但是人工筛选一定会轻易看出破绽。

并且招聘管理系统不仅会选出"匹配度高"的求职者，同时也会选出"别具一格"的求职者，所以大家要注意保持自己简历的独特风格。

建议四：适当展示行话和缩写。

适当体现行业用语，俗称行话，不经意间秀一秀某个专业词汇的英文缩写，这些都是在简历面试中可以使用的方式，比如在快消行业就有很多行话：

KA 渠道（重点商家）、BC 渠道、POP（门店广告）、DM（商场快讯商品广告）、TG（堆头）、SKU（最小库存计量单位）等。

怎么样，是不是有很多不太熟悉，但是当你在快消行业求职时使用这样的词汇时，机器人和 HR 都有可能会加分。但要注意一点，不要只写缩写，最好有中文注解，以免关键词当中没有设置。比如当你求职的是互联网运营岗位，写 PPC 的时候，你可以写点击付费（PPC）。

当我们学会了格式、标题、关键词和行话四个"黑科技"，招聘机器人的这一关对你而言就可以轻而易举地通过了。

投递后跟踪的方法

在求职的道路上，最容易被忽略的一个环节就是"求职跟踪"，很多人花费很多精力进行简历的修改、岗位的搜索，却很少关心自己求职的进度。接下来就一起学习如何进行求职过程的跟踪，进而大幅度提升面试成功率。

一、面试官有多忙

HR 普遍希望求职者的简历最好一页，因为真的没有时间看。很多热门岗位发布后会收到上千份简历，如果求职者没有很快收到回复，很有可能是被淹没在茫茫简历海洋当中了。

之前辅导过一名求职者黄先生，他寻求的是国内某 500 强企业的地区负责人岗位，是一个高层的职位。黄先生用心准备了简历和求职信，投递之后却迟迟没有收到反馈，但以他的行业经验看来，他应该是这个岗位较适合的人选之一。

黄先生在咨询中很快就决定进行礼貌且有风度的询问，果不其然，当 HR 接到提醒之后，第一时间就给黄先生打来电话，连连表达歉意。黄先生确实很适合这个岗位，但 HR 因为简历太多，还没有来得及打开他的求职信息，HR 也表示自己险些就错过这么好的一名求职者。

二、什么时候可以询问求职进度

通常这个时间不宜太早或太晚，太早显得自己很着急，也会让面试官觉得有些不礼貌，太晚通常又会错失面试的机会，一旦有合适的候选人被选中，自己就算合适也没有 Headcount 了。

建议大家最好是在投递一周之后进行询问，当然一定要留意企业的说明，有特殊说明等待时间的要按照说明进行联系，不要太着急。对于没有明确说明的岗位，在投递的简历或网申信息一周后，如果还没有回复，一定要主动进行跟踪，思考用邮件、电话、微信哪种方式比较适合或三类联系方式谁先谁后。

三、如何进行求职进度的跟踪

因为企业的面试风格不同，每一位面试官的习惯也不一样，的确要认真判断一下用什么样的方式进行联系，会让面试官更加舒服，如果能够采用面试官最能接受的一种方式或几种方式进行联络，一定会获得最好的效果。不过在决定之前，请认真了解三种方式的利弊和使用注意事项。

1. 邮件（Email）

邮件是最常用的方式，下文中展示了范文。另外两种沟通形式可以参考邮件范文变通一下，再通过电话或微信沟通。

电子邮件的利弊

优势：首先，邮件一定是最轻松的沟通方式，特别是之前如果你就用邮件进行过投递，你一定轻车熟路；其次，邮件可以设置"回执"，当你的邮件被阅读时，你立刻就能够收到通知；最后，邮件的准备也相对简单，只要发出去等待就可以了。

弊端：邮件相比电话，所反映出求职者的意愿度稍微弱一些，感觉不像电话那么重视或正式，另外邮件可能也一样会被淹没或忽略，这也是采用邮件的弊端之一。

不过作为最常用的求职过程跟踪方式，先分享一个跟踪邮件的范文，范

第六章 创建你的投递计划：用项目管理的思维来求职

文之后提出具体的建议：

某某（你的姓名）——希望和您了解求职的进度，谢谢

尊敬的某先生/女士：

您好，感谢您在百忙之中阅读我的来信。我在某年某月某日给贵司某岗位投递过简历，我叫某某。因为没有正常收到通知邮件，所以给您来信确认一下。

记得在某岗位的面试中，您列出的职位所需的沟通管理能力和过往的销售业绩，刚好是我所具备的。我之前在某公司工作的三年中，连续三年蝉联销售冠军并且具备良好的沟通和团队管理能力，符合这个岗位的要求，所以我特别希望您能够认真考虑我的申请。

在之前的两份工作中，我培养了非常好的销售习惯，同时具备了比较丰富的销售团队管理经验。在某公司最近的一年工作中，我个人200%完成了年度任务，我所带领的12名同事的小组，也以160%的比例超额完成年度销售任务，并在过程中成功培养了两名优秀的主管后备人才。

我非常期待能够尽快收到您的反馈，我相信如果有幸加入贵公司，凭借我在同行业的销售经验和人脉资源，一定能够很快为公司创造业绩。最后再一次感谢您宝贵的时间和认真考虑，这是我的微信/电话/邮箱，期待您的回复。

某某 某年某月某日

如何写好跟踪的邮件

需要注意以下三点：

一定要重新做自我介绍，即便之前已经投递过简历、并且写过高质量的求职信。

一定要再次强调你的优势和匹配性，记得这是一次你与面试官直接对话的机会，利用每一个字做好自我营销。

一定要请求回复，留好联系方式并设置阅读回执。

2. 电话（Call）

虽然直接打电话会让部分求职者觉得唐突或冒进，但是也不全是这样，下面分析一下电话的利弊。

优势：直接有效，电话一定是最直接有效的跟踪方式；可以通过声音感受你的情绪，这是比邮件有比优势的地方。通过声音和情绪来感受你的热情和意愿度，并且可以提前进入非正式的"电话面试"环节，也许一下就可以激发面试官的斗志。

弊端：在某些面试官看来会有点唐突；电话可能接不通或不方便就只能先留言，留言的话需要继续等待，依然不知道什么时间有反馈。

电话示范大家可以参照邮件范文来修改，这里给大家一些实用建议：

通话时要非常礼貌并具有风度，这其实已经是自己主动创造的"电话面试"机会了，一定要把握好自己的"主场"。

提前了解清楚面试官姓名，可以通过职位说明中的提示，或者通过前台总机说明情况后转接。

开门见山，电话接通后，一定要直接讲明来意，像邮件一样，把握机会和 HR 聊聊自己的优势。

找好电话时间，千万别在临近下班的最后一分钟打电话，在上午或下午中间的时段会比较好，避开中午和下班以后的休息时间。

提前列好讲话大纲，但不要照本宣科。

如果没有找到本人，记得请求留言给对方，然后等待电话回复，如果没有回复，不要太着急，过一两天可以再次电话询问。当然也可以把自己的微信留给转介绍人，这样方便习惯微信联系的面试官联络你。

如果电话最终没有接通，记得一定要发邮件，仔细阅读前面讲过的邮件部分。

3. 微信（WeChat）

微信其实要和某些即时通信类的求职 App 放在一起讲，比如最常用的 BOSS 直聘，或很多求职网站的聊天工具。既然能够通过即时通信的方式联络到对方，就不要绕路去写 Email 或冒昧的打电话，但是这样的聊天依然有一些需要注意的事项。

注意微信或其他 App 的个人形象。很多朋友在应聘时非常不注意自己的个人信息、头像或朋友圈，或是直接屏蔽掉面试官，这些方法都不可取。提前打理好你的信息或朋友圈，换一张职业的照片，发一些行业新闻，都是不错的选择。

注意说话的语气。虽然文字的方式听不到语气，但依然建议反复斟酌字句是否有歧义，以免有误会发生。不建议在没有熟悉之前就称兄道弟，这会让面试官觉得过于轻浮。

尝试语音留言沟通。语音可以传递更多情感，特别是你的声音动听的话，多发语音，会有奇妙的作用。

发送的内容可以参考邮件，同样，你要讲的话，其实依然还是邮件的结构和内容，大家多动脑筋发挥个人特色，记住，真诚沟通，一定能够打动面试官！

四、做好最坏的打算

既然是跟踪求职过程，就可能会遇到自己不符合职位要求的情况，可能会在联系的过程中收到面试官发的"好人卡"。如果被拒绝了，一定要做到以下三步：

第一步，表示感谢。不论如何，都要感谢面试官的时间和能够交流的机会。

第二步，询问原因。礼貌询问原因，也许其中有些误会，刚好进行解释。

第三步，再次争取。向面试官表达你的期待和执着，也许面试官只是在进行压力面试（不过概率不高），但是很多 HR 都有过录取执着候选人的经历，这类候选人争取职位的韧劲，恰好是某些岗位需要的难能可贵的品质。

突发状况，该如何巧妙取消约好的面试

当你辛辛苦苦地准备简历，并且通过网申得到一个面试机会时，却突然

因为急事不得不取消；当你被幸运之神选中，同时被通知同一时间要参加两家用人单位的面试时，你知道该怎么更改面试时间吗？

接下来介绍如何通过 Email 和电话，用恰当的方式推迟面试。

一、什么时候需要调整面试时间

只要还有面试的价值，千万不要轻易放弃面试机会，更不能不打招呼就直接爽约，这是非常不成熟、不职业的做法。记住，不论遇到什么问题，都要用合理且礼貌的方式，及时做出解释并争取下一次面试时间。

取消一次面试重新约时间，有时真实的理由并不是最关键的，关键的是态度和沟通的方式，要将你对面试的重视和期待表现给面试官。

常见的取消理由：

· 交通原因

· 课程或实习工作的临时安排

· 自己生病或受伤

· 亲人生病或受伤

· 住所出问题（如漏水）

当然如果你放弃了这次面试，可能是这些原因：

· 你其实从一开始就没有想过要求职这类职位或公司

· 你已经拿到了一个 Offer

当然还有一些不太好的理由，绝不可以使用：

· 完全忘记了

· 睡过了（真的有很多这样的情况）

· 前一晚同学聚会喝多了

· 不在状态

二、如何重新约一次面试

你已经看到了有不少可以被理解的理由，接下来再给出一些建议：

1. 不要放鸽子

千万不要放鸽子，这是不少求职者可能会犯的低级错误，当面试官特别为你留出时间希望见你一面时，千万不要让他失望，如果你已经放弃了面试机会，也要第一时间礼貌地告知对方。你可以这样做：不论是通过邮件、信息还是电话表达"尊敬的面试官，因为某某原因，可能我无法参加明天的面试了，非常感谢您提供的机会，谢谢您"其实就可以了。

2.尽早告知

如果你还想面试，第一时间通知面试官，越早告知对方你要调整时间，越容易被谅解。

3.表达诚意并表示歉意

确保面试官知道你很期待这次面试，但因为一些不可抗的原因才取消。一定要表达你对职位和企业的兴趣，并表示你希望可以另约时间。

4.给出一个更灵活的时间

为了更容易约好下次面试的时间，尽量提供一个灵活的选择给面试官，这样通常可以获得下一次面试机会。不过要确保下次不要发生意外，否则真的就没有机会了。

三、群面的重新预约

求职者要特别留意群面的重新预约，因为群面的组织不像单面那样灵活，有时错过就没有当季的群面机会了。所以求职者要尽量避免自己的群面出意外。如果实在没有办法，也一定不要放弃，及时和面试官取得联系，争取最近的一场群面机会！

重新预约面试的电话，示例如下：

您好，我是约好和田经理面试的某某，可以帮我转接吗？

田经理您好，谢谢您能接听我的电话，我是某某，很抱歉，今天打电话过来希望和您调整一下面试的时间，您之前和我约了在某时间进行面试，因为今天导师通知临时有一个报告需要紧急处理，所以不得不麻烦您再改一个时间（不需要讲过多取消原因的细节）。

我非常期待这次面试，贵公司的某职位对我来说也是期待已久的机会，所以我想和您重新约一下时间。我下周应该周一到周四时间都可以，您看您哪一天比较方便一些？

非常感谢您的时间，我们下周见，祝您工作愉快！

重新预约面试的邮件范文如下：

某某（你的名字）——非常抱歉，需要和您重新约一个面试时间，谢谢

尊敬的面试官：

您好，我是和您预约某时间面试的某某，今天写邮件给您是希望和您重新调整一下面试的时间，很抱歉今天因为导师通知临时有一个报告需要紧急处理，所以不得不麻烦您再改一个时间（不需要讲过多取消原因的细节）。

非常抱歉更改原本的面试时间，同时我也非常期待这次面试，贵公司的某职位对我来说也是期待已久的机会。所以我想和您重新约一下时间，我下周应该周一到周四时间都可以，如果您哪个时段方便可以随时联系我。（可以给出更具体的一些时间段，并且表示如果都不方便也可以按面试官的时间再次沟通）

非常感谢您的谅解，期待能和您有再一次见面的机会，最后祝您工作顺利！

某某　某年某月某日

第七章 Offer 来啦

成为薪资谈判高手

说起薪资谈判，是很多求职者比较纠结的一个环节，基本上能到薪资谈判这个环节的求职者，已经是临门一脚的关键时刻了。

这个阶段往往会遇到什么问题呢？有很多求职者在这个阶段不好意思直接问薪资，到最后听到薪资方案细节或者看到Offer才觉得不能接受。还有的求职者把薪资谈成了一口价，你给不到我，我就拍拍屁股走人。更有的求职者，在面试的过程中就已经被面试官把底牌打听得一清二楚，提前失去了争取高薪资的可能性。

其实只要了解清楚薪资谈判的"度、术、道"，最终就会拿到让自己满意的薪水。那么到底该如何进行薪资谈判呢？

一、谈薪资的度

薪资谈判是非常需要技巧的，不仅要做好各类前期准备工作，同时也要十分了解面试官的心理，知晓用人单位的薪资设计。

通常建议求职者不要在面试的第一轮就主动询问薪资，因为初面时面试双方彼此不了解，是没有办法准确给出一个评估结果的，但在日常的招聘工作中，还是会经常遇到刚开始面试就打听薪水的求职者。

这样的求职者往往会给面试官留下只看重薪水的印象，面试官会觉得求职者的职业素养可能不是很好，还不能很好地站在用人单位的立场去思考问题。除此之外，偶尔也会遇到求职者嫌面试的轮次过多，或者特别希望第一次面试就跳过远程面试直接见面的。这些都是常见的面试误区，会显得求职者的耐心不够，或者不曾有过稍大规模企业的求职经历。

有时 HR 会直接抛出期待薪水的问题，这时回答就需要谨慎，通常建议求职者不要直接回答一个具体数字。要知道，在你没有做到知彼的情况下，回答高了或者低了都会出问题。

如果你回答的期待薪水超过 HR 预算太多，会让 HR 直接选择放弃，这样你就失去了进入下一轮面试的机会，而也许下一轮的面试官会是真正做决定的人，这样你连争取的机会都没有了。

如果你回答的期待薪水太低，可能会让面试官怀疑你的 Level，就算拿到 Offer 你也会被以很低的薪资标准对待，损失的还是自己。

所以薪资谈判不仅有度的把握问题，在金额上也要充分给自己留有余地，让自己能够游刃有余，主动把握面试的节奏。下文会把如何回答期待薪资这个问题，在"术"的部分详细解读。

二、谈薪资的术

在薪资谈判之前，要先让自己做好充分的准备，其中有很多实用技巧。如果是将要毕业的同学，先把自己扎实的专业基本功打好，通过实习提前对职场有个初步的了解，不要让自己以一个"小白"的身份出现在面试中。

如果是"久经沙场"的职场人，就要用平时积累的资源给自己增加筹码，比如通过写作的方式让自己在行业刊物上小有名气，或者成为专业博主；还可以加强在业内圈子里的社交，经常在一些论坛中露脸，这都是不错的增加筹码的方式。

除了要做好自己的"包装"，同时也要充分了解用人单位的情况，事先做好"行业、企业、职位"的调研，也是非常有必要的，同时要准确了解行业内相同岗位的薪资情况，为自己的谈判积累情报和筹码。

三、薪资谈判中的结构化面试问题

1. 您之前的薪水情况如何

注意，回答这个问题时，一定要把自己所有的收入和福利待遇都加进来。之前在面试中，我就遇到过一名求职者，一开始说自己的底薪是 6000，在最后一轮面试时，又突然说除了底薪还有 2000 的补贴，这样会让面试官觉得求职者不太诚实。所以你的收入一定要涵盖基本工资、岗位津贴、奖金和其他福利，都要折换成现金收入来回答这个问题。

2. 如果离职会有什么不舍的地方吗

这个问题主要是判断你的价值观，和你是不是还有比如期权之类的非工资福利，如果你有的话，其实 HR 会更在意你对薪资构成的看法，以及你离职的真实原因。

当你可以讲出你真实的合理的离职原因，或者说不舍得之前企业的某一个优点，再加上自己下一步合理的职业规划，就能够让 HR 为你争取更高的待遇，让 HR 对你做出更稳定的判断。

3. 您的期待薪水是多少

如果你是大学生，这时要清楚，不论怎么回答薪资差距都不会很大，因为在校招中每个岗位的薪资预算基本是确定好的，当然会根据你的学历等条件稍有差别。不过基本上这个问题只是 HR 在判断你的期待是否符合岗位要求，是不是只看重金钱，他并不是真的要和你商量薪水。

作为大学生的你可以这样回答："我对贵公司的这个职位非常感兴趣，之前也有学长们在这里就职，所以我相信，通过我的努力，公司一定会给到我非常合理的报酬，同时我也更看重进入公司后的成长和发展，也希望您能尽量帮忙争取。"

如果你是往届毕业生，现在就要换一种回答思路了，因为上一份工作的薪水已经能够提供一些参考，但是这时不要掉以轻心，要主动出击，否则你可能只会得到比你上一份工作稍高一点点的工资，会让你没那么满意。

那该怎么办呢？要先反问 HR，这个职位的薪资预算大概是多少，如果

HR 回答了这个问题，你就大概清楚应该回答的范围是多少。但通常 HR 不会回答一个准确的数字，甚至不会正面回答，这时就可以试探，"这个职位能到 12000 吗？"如果 HR 说没有那么高，那你就继续问，"11000 是不是差不多"等。

这样问的目的是判断出职位的薪资范围，要大概知晓薪资的上下限，当然，其实很多企业的薪资根据级别不同是有半公开的范围，可以把自己期待的薪酬范围的下限，说成你了解的职位薪酬的上限，这样基本上就可以为自己争取到最大的回报了。

4. 可以提供薪资证明吗

这里要特别提醒求职者一定不要虚报自己的薪资收入，不仅 HR 可能会要求你提供薪资证明或银行流水，也有可能会对你进行背景调查。所以当你诚实进行面试的时候，这个问题你完全可以正面回答。

但要注意的是，如果你还在职，这时你可以直接暂时婉拒，你可以和 HR 讲，你还没有离职，所以暂时没有薪资证明，也不能接受背景调查，但在离职之后，是可以补上的。

5. 除了薪资，您还看重哪些方面

这是个一定要提前准备好的问题，因为如果你没有准备，会让 HR 觉得你过于看重金钱，而如果你可以从价值观、行业的发展、个人价值的实现或对文化的认同等方面进行回答，会让 HR 更愿意为你争取更高的报酬，所以记得提前准备好这个问题。

四、谈薪资的道

1. 谁先开价谁吃亏

要知道薪资谈判中，谁先说出具体价格，其实就等同于先出牌了，往往这样做的人会有点吃亏，因为始终不知道对方的心理价位是多少，所以，如果求职者可以让 HR 先讲出职位的预算，自己就可以更加游刃有余，切记这一点。

2. HR 往往不是决策者

另外，面试绝不仅仅是 HR 这一关，有的时候，其实 HR 根本不知道到底一个职位的薪资上限是多少，因为具体的人员成本要由用人部门来决定，并且由用人部门的 Leader 来核算计入部门成本的。所以，只要你足够好，并且能够赢得用人部门的青睐，薪资的高度还能够有一定的提升空间。

3.Offer 只是开始

不过我们也不要太执着于从一个职位上拿到薪资预算的上限，要知道，Offer 只是你入职的第一步而已，这绝不是结束，而仅仅是开始。通常如果是跳槽，只要薪资有合理的上浮都是可以接受的。

HR 其实不喜欢求职者单纯在追求一份工作的薪资上限，而是更希望求职者对自己有个正确的评估，这样当 HR 给出薪水的时候，求职者才能有更高的满意度，未来才能有更好的稳定性和更优异的工作表现。

Offer 只是开始，加入一个新的团队，职业的发展和将来的晋升才应该是更为看重的。记住，是金子总会发光的。

Offer 选择永远是个难题

同时拿到两个 Offer，到底该如何选择？

很多人在求职时非常迷茫，有时拿到 Offer 之后也无法判断工作机会的价值，特别是当同时拿到几份 Offer 时，Offer 的选择更是让很多人头疼，现在来梳理一下"求职时，如何识别、选择 Offer？"

一、什么是 Offer

Offer 其实就是 Offer Letter，中文叫作录用通知函，Offer 是具备法律效力的要约，不论是通过电子邮件发送还是纸质版发送，签字或回复后都是具备严肃的法律效力的。

通常 OfferLetter 包含录用的时间、地点、单位名称、具体职位信息、薪资福利，同时也会通知入职报到时需要提交的各种资料。有些也会把入职后的规章制度附带在内。

二、Offer 选择的通常思考维度

在给一名求职者做咨询的时候，她面临的 Offer 选择问题让我记忆犹新。她是一位应届毕业研究生，已经同时拿到了两个 Offer。一个是某三线城市的烟草企业，要求这个女生要从生产线开始做起，之后可能会从蓝领工作转为白领工作岗位。另一个是来自北京的一家知名互联网企业的运营岗位，不仅城市的规模有一定的差别，同时薪资待遇也更加优厚。

如果是你，你会怎么选呢？

三、机会与稳定

如果两个 Offer 的条件有明显的高低之分，反而比较容易做出选择，但通常需要在非常相似或截然不同但同样具有吸引力的不同方向中做出选择。就像上面的案例，要在更快的发展机会与相对稳定的工作状态之间进行对比，做出决定就变得很困难。

关于机会与稳定的思考，首先要看自己是不是喜欢"折腾"的人。以前很多人一份工作会做一辈子，现在这样的求职者也还是不少。所以要思考自己是安于现状的性格，还是喜欢尝试未知的事物，热衷于挑战自己的性格。

有时机会和稳定可以并存，要留意整个大行业和用人单位的发展趋势，来做出明智的抉择。

四、大公司与小公司

不论是大公司还是小公司，先要从自己的职业规划出发，不仅要分析外因，还要从长远的发展规划上看，问自己想做什么？能做什么？哪种条件下最有利于发展。

如果能够思考清楚发展方向，就可以确定在哪个类型的企业更能够实现自己的目标。通常大公司更稳定，会带给你更宽广的视野，也可以帮助你养成高效的工作习惯；而创业公司或小公司往往有更快的晋升通道，会更容易脱颖而出。

五、行业与岗位

这里要对"行业、岗位、企业"进行一个排序。国家政策、市场发展甚至国际形势对行业有什么样的影响,以及如新冠肺炎疫情对全行业无差别打击的影响。

其次就是岗位上,岗位的对比一定要结合自我认知和职业规划来进行,适合自己的岗位不仅会工作得很开心,而且因为擅长,晋升机会也会比较多。尽量不要勉强自己选择不喜欢的岗位,否则会遇到很多工作中的难题,到那时与适合这个岗位的同事相比也许难以做出成绩,不利于长期发展。

最后考虑企业的维度,企业是不是在红利期,企业的文化如何,企业的行业地位,甚至包括企业的地理位置等都是要综合考虑的。不同的企业可能接触到不同的圈子,那么积累的人脉也不一样,同时你也会遇到不同的领导,一个好的领导可以让你站在巨人的肩膀上,看得更远,走得更快,这些都是重要的考虑因素。

六、稀缺与平庸

从工作机会上看,两份 Offer 哪一份错过了都可能会有遗憾,有的时候就是如此,机会一旦错过就再也没有了,有的求职者因为没有在 Offer 的截止时间回复邮件,最终失去了机会。

同样在机会的把握上,有没有哪个机会是非常稀缺的,是公司的重点培养对象或者是企业发展关键节点上的灵魂人物,或者机会比较普通,是日常招聘的平庸岗位,要学会分辨。

七、跟从内心还是"随波逐流"

所谓跟随内心,就是尊重自己作为一个独立个体的差异性和独一无二的特点。每个人的工作期待和需求可能都不尽相同,在查询资料寻找经验的时候,一定要了解自己的真实需要是什么,注意倾听内心的声音。

当然,"随波逐流"加了引号,这里并不是贬义词,而是我们要了解职业也是一个动态发展的过程,很少是一成不变的,所以顺应社会大潮流、大趋势也不失为一个相对保险的选择。

八、全面对比表

把两个 Offer 能了解到的信息全都填在表 7-1 当中，也可以自行添加一些不同的对比点。

表 7-1　　　　　　　两个 Offer 信息对比表

	Offer A	Offer B
企业性质		
稳定性		
薪资福利		
雇主品牌		
客户评价		
市场排名		
公司发展方向		
公司文化		
领导情况		
系统培训		
晋升空间		
职业发展匹配度		

九、不要把选择当儿戏

表 7-1 可以更好地帮助你在不同的 Offer 中尽量理性地进行思考和选择，但是同样也要进行一定的前期调研才能准确地做出判断，千万不要凭自己的有限认知就匆忙填写。

经过系统的分析和认真的对比之后，你应该有一些倾向了，也许永远无法鱼和熊掌兼得，只要在做出选择之前，认真思考和分析就好，职业方向的思考在职业发展前期很多时候是要反复被测试和选择的。

不要把选择当儿戏，如果自己实在选不出来，千万不要随便选一个。也有的求职者为了省事，身边朋友或恋人在做什么工作，自己就也去凑热闹，这样的决定往往是欠缺考虑的。多年之后当你回顾人生中的重要决定和转折点时，也许你会发现，当初没有根据自己的情况去认真谋划职业的发展，是一件多么让人后悔的事情。

十、礼貌拒绝 Offer

一旦做出了决定，就要尽快回复 Offer，包括需要拒绝掉的 Offer，但是一定要给自己留条后路。既要有礼貌，也要有理由，万一将来你想要吃"回头草"，也依然有机会。

下面给大家两篇礼貌拒绝 Offer 的范文，范文在表示感谢的同时，也表达了遗憾，在讲述原因之后，真诚地表示如果以后有机会期待能够再次合作。

范文一

非常感谢贵公司的青睐，这次机会对我来说十分珍贵，但是由于某某原因（合理的具体原因），最终还是只能和您说声抱歉，这次就不能前来入职了。给贵公司带来的不便还请谅解，希望我们能够继续保持联系，如果以后有机会，还希望能够和您一起合作。非常感谢您面试付出的宝贵时间！

范文二

非常感谢贵公司对我的认可，我也对贵公司非常向往，但经过深思之后，还是觉得这个职位可能和我的发展方向有一些不同，只能遗憾放弃这次机会了，给您造成的不便还请谅解。预祝贵公司尽早找到适合这个职位的人选，若今后有机会也非常希望能够再次合作。最后祝您工作顺利！

记住，Offer 只是个开始

小谢因为上一段工作不算很开心，薪资水平也不高，前段时间看到有个朋友做短视频和直播好像不错，收入好像看起来也比自己高很多，因此在疫情之后选择了辞职。

经过一段时间的"深思熟虑"，小谢准备将之前 3 年的 HR 工作经验放弃，全力以赴投入新的事业当中。可半年时间过去了，小谢内心开始变得焦急，当初自己因为冲动放弃了稳定发展的工作，而在新职业方向上只坚持了短短三个月，之后就被惨淡的播放量和寥寥无几的粉丝数彻底打败。

当自己灰溜溜地想要回到职场时，却发现原本作为面试官的自己，现在反而连想见到面试官都非常困难，疫情之下突然变得糟糕的就业环境，加上自己长达半年的职业空窗期，让仅有的工作机会也和自己擦肩而过。

一、为什么会觉得薪资不满意

很多求职者离开原有工作，或在求职中中断面试或放弃Offer，都是因为对薪资不满意，可是薪资很难保持一个长期让人满意的状态，即便薪资会阶段性上涨，这样脆弱的满足感很快也会被各种内外部因素影响。那到底有哪些因素可能会影响对薪资的满意度呢？

1. 生活压力

有很多求职者在面试时被问道，"为什么你期待的薪资数字是这个呢？"，面试官往往会听到很多答案，常见的一种就是求职者的生活所需。

"我觉得可能在这里生活，最低也要有这些工资，否则连生活下去都很困难"。话是没错，可面试官不是家长，不能以你的生活所需作为薪资标准，而要以你的能力、价值和岗位的胜任力作为考虑的主要因素。

如果因为自己的生活压力导致对薪资的满意度降低，那么要先思考是什么原因。是物价上涨、房租或房贷上涨、自己的消费水平提高了、新增孩子的花销还是赡养老人新增了支出？

找到原因之后，要做出进一步思考，哪些是自己可以主动控制的，哪些是因为之前自己的计划不周导致没有提前预料到，未来还会有哪些开支是需要现在开始未雨绸缪的。

但不论原因如何，也不能因为自己需要，就要求面试官满足需求，毕竟个人在应聘岗位中的匹配度和能创造的价值才是最重要的薪资衡量标准。

2. 跳槽薪资的涨幅

不知道什么时候开始，有一种说法悄然流行："跳槽加薪低于30%，等于降薪。"

这种浮躁的观点，导致了不少求职者盲目跳槽，或者吃着碗里的看着锅里的，总是有一种骑驴找马或"怀才不遇"的心态。

在这种心态下，求职者会在没有理解薪水上涨的关键因素之前，盲目拔高自己的薪资期待，当面试官无法满足求职者的薪资期待时，就很容易错过适合自己的工作机会。

3. 同岗对比

这就是执行薪资保密制度的原因。在职场中，如果薪资变得透明，那么不仅员工的隐私没有了保护，而且会造成攀比之风，造成不必要的员工流失，不利于企业管理和员工之间的和谐关系。

那为什么会出现同工不同酬的现象呢，因为每个人的学历、经历、能力不会完全相同，对工作的贡献也不同，同工同酬更多指的是基本薪资的部分。

所以，一旦发现在相同的岗位上，自己的薪资比别人低，就会触发很多对比和联想，很少有人能够客观地，从用人单位的角度去评价，更多的是看到对自己的不公平。

但人与人的差距是实际存在的，可能会存在短时间的判断不准，但经过长期发展，是金子一定会发光。

所以要学会接受自己与他人之间的差距，越早看到差距，越早能够启动自己的追赶计划。所以，你会选择停滞不前还是奋勇直追呢？

4. 前后不一

有些 HR 在专业度不够的时候，也会在面试过程中给出前后不一致的薪资，一旦发生这种情况确实要给自己提个醒。

通常大公司都有自己的薪资级别，如果不是新入职的 HR，通常不会出现大的问题，但是确实会有 HR 搞错的情况，这时一定要主动联系 HR 反映问题，为什么 Offer 薪资和之前说的不一样，搞清楚原因，有时也会及时纠正 HR 的失误。

还有一种情况是某些 HR 为了完成自己的 KPI，选择在电话初次沟通时说一个偏高的薪资范围，然后吸引求职者面试，虽然这种情况不多，但确实

| 全面求职

有些企业会给初级 HR 定求职者上门的指标。

还有一种情况就是某些 HR 可能在前期薪资谈判时只给你说薪资的整体情况，却不详细向你解释薪资构成，这时也要提前问清楚，否则这也会成为求职者薪资满意度降低的隐患。

5. 了解薪资构成

因为不了解薪资构成，导致求职者入职后满意度降低的事情经常发生。通常员工的薪资包括：基本工资、绩效工资、奖金、津贴和福利。

薪资中通常包括固定的部分和根据制度调整的部分，当然还要扣除保险、公积金、个人所得税等相关费用。

只有事先了解并计算清楚，实际收入才能和自己的预算进行对比，如果自己都没有计算清楚，就匆忙进行薪资谈判，往往到最后会发现因为自己的疏忽出现期待上的差距。

6. 平台差异

除了这些原因，发展平台的差异也很明显，不同的企业和组织之间文化不同，有的人很适应，因此薪资高点低点都影响不大，自己很喜欢在这里发展。

也有的求职者不喜欢企业文化，也没有归属感，这时会感到需要用更多的收入来让自己平衡，但其实这是没有抓住问题的本质，如果可能，建议尽快融入或者尽早找到适合自己发展的平台。

除了文化层面，不同的平台因为规模大小不同、发展状况不同、创业阶段不同，会导致不同公司的同一岗位出现较大的薪资差异，这就需要求职者全面评估工作机会带给你的利益，不仅要考虑薪资，还要考虑未来的发展和对个人价值的增值等。

二、正确设定自己的薪资期待

刚刚列举了一些可能导致自己对薪资不满意的原因，要解决薪资满意度的问题，不仅要充分了解客观外部情况，也要根据自己的职业发展规划，透彻地进行自我分析，力求找到薪资期待和实际收入的平衡点，从而可以全身心投入到工作当中，不轻易地出现工作、生活状态的波动。

那如何正确设定自己的薪资期待呢？

1. 市场的价值

如果把自己当成一个商品的话，那么来购买的消费者会愿意出价多少呢？为什么？

在给自己定价之前，我们需要了解市场上相同或类似职位的薪资情况，可以向学长、学姐或行业专家进行咨询，或者收集互联网上分享的信息，对于资深的从业者来说，还可以借助人脉资源了解，这样，应该就能较准确掌握相关的薪资情况。

接下来就要根据自己所掌握的技能、积累的经验和资源，评估自己在不同平台中的价值。可以通过相同职位的朋友的薪资对比、圈子内的 HR 和参加面试来获得相对准确的答案。

2. 跳槽的把握

跳槽的确有时会让自己的收入有所改善，但在跳槽之前，要看看自己是不是有真才实学。评估一下，如果离开现在的岗位，会对现在的生活产生多大的影响。

同时新的工作机会是不是有十分把握，待遇是否符合期待，发展机会是不是符合自己的职业规划，是不是真的能给自己带来一个大的跨越。

最后要对自己的"稳定性"负责，频繁跳槽最终可能会"葬送"职业前途，毕竟任何一个雇主都不希望员工不成熟，说离职就离职，说跳槽就跳槽。

3. 稳定的发展

我们讨论的虽然是期待薪资问题，但是现在已经慢慢拓展到了期待的工作条件了，接下来更应该进行全面的盘算和考虑。

当意识到职业的发展绝不仅仅是薪资上升的时候，就会对自己的未来有更深刻的认识，不论是从未来发展的确定性还是遵从内心的呼声，都要看到自己未来几年甚至更长时间的生活是需要提前计划和准备的。

稳定性永远是相对的，包含了两个方面，一个方面是当下的选择是不是在未来一段时间可靠、稳定，能够达到自己的预期；另一个方面是从更长久的职业生涯角度来看，会不会影响自己的发展轨迹。每一次工作机会都应该成为自己职业生涯的亮点，这需要引起足够的重视。

4. 判断是否能够接受

就像小谢一样，他错误地以为自己脱离了平台的光环之后，依然能够保持光鲜亮丽；他错误地以为疫情很快会结束，工作机会依然很多；他错误地以为经济还会保持相对平稳的发展，无视经济下行的客观趋势，导致了自己半年的职业空窗期，而且这个时间可能还会延长。

三、不同状态下的决策建议

处在不同工作状态中的求职者，自然会有不同的心理状态，每种状态都有自己的优势和危机，需要跳出来以一个更高层面的视角指导自己做出智慧的决策。

1. 待业中

待业的时间长短往往考验求职者的经济能力和心理承受能力，但不论自己计划预留多久的调整期，都不宜太长，因为职业空窗期会让未来的面试官担心你的稳定性。

待业状态的优势是自己求职的准备工作可以做得更充分也更有计划性，面试的时间一般也可以随时安排，还可以让自己把控求职的节奏。

但是待业时间一旦超出了自己的计划，从主动修整变成了被动待业，就会让求职者的信心受到一定影响，如果前期的简历投递再石沉大海，就会重挫求职者的求职计划，导致武断的调整和偏差的结果。

所以待业一旦开始，就要积极主动进行求职的准备。此时如果有 Offer，要慎重考虑自己近期是不是还有别的工作机会，如果没有更好的机会了，就尽快接受 Offer，调整状态开始一段新的职业生涯。

切记不要在待业一段时间之后还对 Offer 挑三拣四，永远没有完美的工作条件，过分挑剔最终换来的可能是不得不接受一个远比最初的机会差很多的 Offer。

2. 在职

如果你是在职的状态，就有两种可能性，一种是找到跳槽的目标并最终跳槽成功，还有一种可能性是了解了一圈之后发现自己现有的工作条件已经非常不错，不值得冒风险跳槽。

但意外有时还是会发生，偶尔遇到一些求职者前来求助，自己把简历不小心投递到自己的公司里来了。要注意做好保密工作，尽量不要到处去宣扬自己有换工作的想法，这样会让 HR 提前启动你所在职位的人才储备工作，如果一旦看到比你更合适的，你就要被"请"出去了。但一定不要不负责任，找到一个新工作就匆匆结束现有的工作，这是非常缺乏职业道德的行为。

在职寻找其他工作机会最具优势的地方在于自己不着急，并且其实很多 HR 青睐在职的求职者。但对于一些急聘岗位来说，可能要谨慎，面试官可能会更期待你尽快入职，这时要考虑自己的工作交接责任，为自己预留出办理离职的时间。

在职寻找其他工作机会，薪资谈判上自己会更具备心理优势。但同样要做全面的求职准备，思考现有工作中哪些因素导致自己要重新选择工作，新的工作方向和自己的职业规划的关系，同时在薪资上也要做好充分的前期调研，毕竟新的工作机会应该较现有工作有一些大的跨越。

3. 手里有其他 Offer

不论是待业还是在职找工作，手里如果有 Offer，可能相对一无所有时还是有些心理优势的。但也会面临 Offer 回复期限的问题，就是收到一个 Offer 时，往往会要求求职者在规定时间内进行回复确认，这时如果对现在的 Offer 还不能完全确定，就要抓紧时间主动联系还在求职进程中的其他求职机会，诚恳表明意愿，询问是否能够将进度提前。

在手里有其他 Offer 的时候，往往求职者会在薪资上有更高的要求，但仅仅以薪资来判断是很片面的，还要判断职业前景、公司平台、个人发展、工作内容是否匹配或是否符合自己的职业规划。

不容忽视的事实是，在职业发展的道路上，永远会有看起来更好的职业机会出现，但不能看到一个好的机会就去尝试，关键是你不同发展阶段的规划是不是已经得到了满足，你对当下工作机会的核心诉求到底是什么？

当手里有两个以上 Offer 的时候，薪资谈判好像就更有把握了，这并不是你在挑战薪资上限，其实 HR 也在判断你的价值观，关于 Offer 的选择，请回看上一节的内容，对比之后再做决策。

4. 主动沟通

在未收到 Offer 时，要及时进行薪资谈判，这样可以缩短等待时间，避免最后被动决策的尴尬。

如果已经收到了 Offer 却发现和自己期待的有些差距，不要只考虑接受或者拒绝，而是要尽快联系 HR 反映自己的期待，如果是小公司也可以直接找领导沟通。

5. 先"上船"再发展

记住，没有完美的职业，每家公司、每个选择都会各有利弊，评估要更全面。Offer 只是一张"船票"，是一场航行，你刚刚拿到登上游轮的船票，在漫长的旅程中，你最终能够扮演什么角色，要看你之后的努力。

6. 尽量避免裸辞

如果你不是能力名声备受追捧，今天离职明天就被猎头、HR 把电话打爆的职场宠儿；

如果你不是家里有矿，本身就是嘴里含着"金钥匙"出生的"富二代"；

如果你不是已经被工作状态压到精神崩溃，必须要靠彻底放松才能调整；

如果你不是已经对现在的工作积怨已久，手里稳拿 Offer，那么你就不要裸辞！

裸辞带给你的可能会是生活压力倍增、社保断缴、房贷账单、花呗账单，房东和中介突发矛盾逼着你搬家，接下来一个月突然有 5 个同学要结婚，生孩子随礼，连病都不敢生，等等。

裸辞给你带来的还有可能是工作上的断档，职业空窗期不仅会让面试官担心你的能力和稳定性，对于你自己而言一旦被动待业超过你的承受底线，最终恐怕要"饥不择食"，反而因为委曲求全，影响自己的长远职业生涯发展。

裸辞超过三个月往往就会错过重新求职的黄金时间，也就意味着你的自信心将开始受到影响，对于一些自控能力很差的求职者，一旦没有工作，从作息时间到生活节奏，可能都会濒临颓废和崩溃的边缘。

第八章　职场印象管理：何其重要的第一印象

导致求职面试失败的 13 个细节

一、印象管理的重要性

在做面试模拟时，不论线上还是线下总会出现很多相似的问题，不外乎都是关于求职者的形象，或准确点说，是求职者的印象。

很多求职者都不太了解"职场印象管理"这门学问，更不会系统地建立自己的"印象"，导致因为一些小的"细节"影响最终的面试结果。

面试官多年养成的评估求职者的习惯，就是"鸡蛋里挑骨头"，而且有的时候会不经意地放大风险点，原本只是求职者身上无关紧要的小问题，会被放大成淘汰的理由。

所以作为求职者，要在深度了解面试官的面试逻辑和偏好之后，做好"职场印象管理"工作，为自己的求职打好基础！

二、印象的构成

第一印象的构成，包括如下几个方面：服装、仪容仪表、体态、表情、声音、笔迹、姓名、名片、朋友圈、热情度、他人的印象、面试官自己的记忆等，远程面试还涉及你的视频印象。

二、印象管理的 13 个细节

1. 服装

人靠衣装马靠鞍,虽然是老生常谈,但是总有人会忽略,或者没有服装搭配方面的天赋。专业形象的建立,需要具有审美眼光。

2. 仪容仪表

如果是视频面试,不要因为在家就"自我放弃"。自己的外在形象要恰当反映内在的精神状态,好的精神面貌是必不可少的。

3. 体态

体态是传达你的意愿度和状态最直接的方式,之前在视频面试一位候选人的过程中,就发现他是靠在自己家卧室的床上在面试,这样的印象自然会减分。

同样在见面面试时,不论是坐在椅子或者沙发上,都应当保持挺拔的身姿,通常只坐座位的 1/3,身体微微前倾以示专注。

4. 微表情管理

"微表情"这个词最近很火,随之而来的还有不少微表情分析软件。是的,微表情从心理学的角度上,确实可以找到隐藏的情绪和看法,但是没有经过训练的面试官往往在分析求职者微表情时,会下意识投射自己的经验判断。

但是我们也经常看到表情管理失控的情况,建议大家平时多自拍录像,或者请教身边的朋友自己有没有表情很怪的时候,这会对自己很有帮助,至少不会引起别人的误会。

5. 声音(口音)

从看到简历到电话沟通,是很常见的初面手段,而电话面试中从声音中传递出来的印象,是可以左右面试官的想象的。

我们要评估自己的声音情况,有的人在未见面之前,只听声音想象不出他/她的样子,有时是好事,有时也是坏事。尽量让自己的声音能够符合自己的形象,当然这也需要相对专业的指导,自己往往对自己的声音是无法评判的。

口音问题反而比较好发现，自己说话时很难感觉到自己的方言或口音，但当回放录音时，又会突然发现难以入耳。这就需要更加刻苦地练习了，普通话是职业形象的重要构成部分。当然如果在广东，会讲地道的粤语也是"吃香"的。总之，口音会让面试官联想到他脑袋里的刻板印象，下文详细讲述刻板印象。

6.简历

既然说到求职，就一定要说简历给面试官留下的印象。我曾经收到过不少应聘专业职位的候选人，在简历中使用过于休闲的生活照片。还有的候选人简历中明显有夸大或编造的痕迹，这样的印象会让HR望而却步，避之唯恐不及。

所以求职一定要诚实，一旦你的把柄被面试官抓住，对你的怀疑会由点到面，发展为糟糕的结果。

7.笔迹

线下面试时，有时面试官会要求求职者现场填表，而填的内容难免会体现出自己的笔迹，好的字迹毋庸置疑是加分项。一个外表不出众的候选人如果下笔就是漂亮的书法，会让面试官刮目相看。相反，一个外表出众的候选人，下笔后却字迹潦草，印象也会大打折扣。

8.姓名

大多数人没办法决定自己叫什么，猜猜"刘福荣"是谁，其实是艺人"刘德华"；再猜猜"冯进财"是谁，其实是艺人"冯德伦"；那"林立慧"呢，其实是艺人"舒淇"。大家能感受到名字对印象的影响了吧，这也是为什么"Vincent""Steven"过年回家会变成"二狗""大柱"。

9.名片

这里指的不仅是纸质的名片了，还有各种社交工具中的"名片"。纸质版的名片既要看设计，还要看纸质，另外最终还是要看Title；线上的"名片"或"签名"就不大一样了，不过洋气又有气质的设置还是非常管用的。

10. 朋友圈

既是指的微信朋友圈，又是说自己的真实朋友圈。微信朋友圈一定不要屏蔽面试官，那会很不礼貌，会让面试官觉得你没诚意而且有隐藏的事。花时间打理一个用来"给 HR 看"的朋友圈并不难，实在不行你就在小号里做自己。

现实中的朋友圈更难打理。有一个流行的"收入公式"，你的收入等于你最经常接触的 6 个人的平均值，可以自己算算，是不是挺靠谱的，然后想想是不是也应该打理一下生活中的朋友圈了。

11. 热情度

其实解决这一点都不难，学会"微笑"就好了，用牙齿叼起一根筷子，保持住，这不是学会"热情"了吗？

12. 第三人的印象

其实最难改变的，是别人眼中的自己。所以在求职中，最好有一封"推荐信"，来自前领导、导师、面试官熟人的推荐信，会加分不少。

而大厂通常都会做"背景调查"，除了核实你经历的真实性，更多的是了解一下你之前的口碑和人品，记得时刻善待身边的同事，一定没错。

13. 面试官自己的记忆

有没有见过长相相似的人？当你见到一个长相很像你认识的朋友时，你会不会觉得他有些行事为人也会相仿？

每一个候选人都应当重视印象管理的 13 个细节，这些细节有时会被面试官当场发觉，也有时候不会发觉，但会潜移默化地影响面试官的判断。在过往的面试中，有时面试官结束面试后会觉得某个候选人怪怪的，但当时又说不上来具体原因。由于这样的隐患存在，所以不敢贸然发放下一轮面试的通行证，后面细思之后，多是因为候选人在一些细节上让面试官有所顾虑，也直接影响到了最终的面试结果。

面试官是怎么看出求职者不自信的

自信对面试的影响很大，通常面试官都希望能够找到自信的求职者，往往自信的求职者工作起来效率更高，遇到问题时也不会过于忐忑或鲁莽。可面试官是如何判断一名求职者是否自信的呢？

其实通常面试官主要从三个方面来分析判断，一是判外在，二是断内在，三是抓细节。

一、外在

外在表现，也可以叫"第一印象"，外在表现给 HR 留下的第一印象尤为重要，回顾之前的章节中的"印象管理"的细节会对你很有帮助。

当然，如果简历中缺乏亮眼的经历，也经常会被问到一个结构化问题，"你对之前的工作成绩满意吗？"这是 HR 在确认你对工作成绩的肯定程度，当求职者回答不是很满意、比较普通的时候，HR 就会明显感觉到求职者的不自信。

二、内在

除了这些常见的外在观察角度，内在的判断更为重要。

三、充足的准备

在交流中判断求职者对职位的认知，可以判断出求职者对面试职位的信心程度，可以反映出是否对工作职位有全面了解和是否对面试进行了精心准备。

四、谈吐的细节

这里单把谈吐拿出来，是要强调除了对问题的回答，其实还有很多说话的细节需要注意。比如在表达观点时肯定的语气，聊天中不经意引用准确的数据或典故，都能为自己加分不少。

五、逻辑思维能力

当你的逻辑思维能力被面试官看到时，也会有所加分，一个自信的求职者一般可以在面试问题的回答上展现清晰的逻辑。

六、职业规划

职业规划是 HR 判断一名求职者当下状态、自我认知与外部认知、对职业的理解以及对自己核心能力的肯定等多方面的重要结构化问题。这个问题，有助于了解求职者对自己在该职位发展上的信心和稳定性。

七、专业能力

专业能力可以通过专业知识或过往的经历来加以确认，如果一名求职者在这方面的回答很笃定并且有理有据，会让 HR 感受到你自如的状态。

八、礼仪

有的求职者在面试进行自我介绍之后，竟然紧张到忘记说谢谢，以至于和 HR 面面相觑。或者在群面汇报时不敢站起来总结发言，让 HR 觉得失礼的同时，也担心求职者太紧张，不够自信。

九、STAR 法则揪细节

回顾一下 STAR 法则，STAR 就是情景（Situation）、任务（Task）、行动（Action）、结果（Result）四个单词的缩写，用来探究求职者经历当中的细节，判断真实性以及收集展现出来的成绩能力和岗位需求之间的匹配度。

熟练运用 STAR 法则来讲述过往经历，也是给自己加分的表现，同时会给 HR 留下好印象，不论回答哪一类问题，都能够展示给 HR 成熟、自信，不卑不亢的良好形象。

"重视每一份面试机会，提前充分了解企业职位情况，客观评估自己的能力优势，做到知己知彼；科学分析自己的核心能力，确保能够胜任或接受职位的挑战；提前模拟面试场景，提升薄弱环节。"

经过这样的准备和练习，最终你一定会在面试官面前，保持自信的微笑，抓住每一个机会。

如何打破 HR 对你的刻板印象

你有没有在求职或工作中被贴标签？

你有没有被问到是不是985、211毕业,是不是研究生?

你有没有因为来自某个省份或者城市,而被区别对待?

你有没有因为没有相关经验,被认定一定没有发展优势?

你有没有给自己贴标签、设限,不敢去尝试某些机会?

如果感觉自己已经被贴标签了,面试或工作中怎么处理?

一、无意识的刻板印象的形成

人与人之间印象的形成是随时随地的,不仅和每个人的过往经历相关,甚至和当时的心情都有关系。有些印象是有意识的判断,有的印象是无意识的形成。有些时候会突然发现,作为一个面试官,会忽略掉某个新同事的致命缺点,或是之前没有发现他身上的宝贵品质。

不论是有意识的判断,还是无意识的形成,都会掺杂不容易被注意到的刻板印象。虽然有些面试官已经很注意甚至刻意去消除对候选人的刻板印象,但是依旧很难完全摆脱,因为人都会有心理上的投射效应。

二、投射效应

投射效应是一种常见的心理现象。主要形式有两种,一是将自己的过往经历中形成的思维方式,强加于人;二是不客观的认知作出错误的判断。

过往经历对判断有很深的影响,会基于自己的过往经验对某一个群体有莫名其妙的期待和好感;或对某一类群体特殊对待。

投射效应还有三类典型表现,都会影响对他人的客观判断。

1. 相同投射

容易错误地认为别人和自己感受一样。记得多年前顺风车刚推出时,我乘坐了一位女士的车。过了几分钟,我感觉车上越来越冷,又过了几分钟,我感觉温度再降低的话,我一定会感冒。正在我要沟通时,司机女士温柔地问了我一句,"您好,刚刚感觉您很热,现在还需要把冷气再开大一些吗?"

我当时就明白了,我上车后车主在没有询问我感受的情况下,就匆忙判断我可能和她一样,都觉得热。而其实因为我比较瘦,还是习惯温度高一些,不过还是非常感谢司机女士的关心。

2.愿望投射

一个自我感觉良好的同事，会期待领导对自己工作的好评，当他听到领导对自己的一般性的评语时，有时会当成好评；反过来，当一个同事觉得对自己的工作结果不是很满意的时候，当听到领导一般性评价时，会感觉领导在批评自己，认为没有夸奖就是不满意。

3.情感投射

自己喜欢的同事会用赞赏的眼光来对待，自己不喜欢的同事会用挑剔的眼光来审视，久而久之，会发现好的越好，差的越差。但实际上他真的变好或变坏了吗？可能并没有，只是自己的一厢情愿罢了。

三、刻板印象、标签、偏见、排斥

贴标签的过程往往缺乏靠得住的判断，当使用标签的思维去评估他人时，往往会有一个愿望投射，就是希望自己的判断正确，有的时候即便不是相关原因造成的结果，都会被认定为验证了自己之前对他的预期和判断。长此以往，就会对被贴标签的群体形成偏见，偏见会带来思考、行动的失误。

最开始只是面试官一个人或一个招聘部门有偏见，时间久了，就会慢慢聚集起来一个带有明显标签的团体，这个团体因为有着某种相似的特质，会对其他特质的候选人产生排斥效应。比如一个全是草根的企业，可能会排斥大厂出身或"富二代"的加入。

四、如何避免求职中被贴不利标签

1.简历中适度隐藏相关信息

猎头工作中，有时会发现服务的用人方面试官存在很严重的刻板印象，这样的印象会导致猎头推荐的人才大量的浪费，原本合适的候选人都没有机会接触到用人方。

猎头通常采用的方式，是暂时隐藏可能会给面试官造成刻板印象的部分。比如对地域有一定偏见的面试官，在候选人其他条件都非常符合的情况下，一定会事先隐去候选人的家乡，创造面试机会，往往都能收到较好的效果。所以求职者在简历和网申的过程中要判断有没有减分项的内容，如果有不妨先隐藏起来，后面再灵活处理。

2. 面试前准备好过往成绩和经历

如何做好面试官在面试中对一些关键点提出质疑的准备呢，首先要认真分析职位的 JD，从"职位目标、职位要求、任职资格"三个方面去预测面试官的问题，特别是可能有刻板印象或被贴标签的地方，务必要用过往"成绩、经历"，使用 STAR 法则讲述，证明自己并不是这个标签的人，也不属于这个刻板印象的群体。

3. 避免进入"压力面试"的陷阱

有些面试官是没有刻板印象的，但是面试官会担心候选人有不自信、自卑等问题，这会造成候选人工作时过于敏感，不利于工作关系的发展和产出好的工作结果。

所以候选人会被问到如"你怎么看待你之前的学校／工作单位？""我觉得你没有经验，一定会遇到很多问题"等让候选人感到很大压力的问题。

当明白面试官只是要确认自己的态度和看法，确保自身不会受此影响的时候，就已经能够从容面对，可以给自己和面试官一个满意的答案。

五、特别补充：写给面试官的话

如果你是面试官，或者你将来会成为面试官，请不要轻易给候选人贴标签，请时刻保持开放的心态，去寻找人才市场中的"宝藏男孩""宝藏女孩"。

留意"刻板印象、标签、偏见、排斥"，防止企业陷入不健康的企业文化，失去多元化特有的创新氛围。我们感谢你为求职者创造的公平的面试机会。

第九章　7步助你斩获优质实习Offer

有很多同学因为是第一次实习，在各种渠道查看了很多实习指南，但看得越多，自己越迷茫，不知道该从哪里下手。现在就来通过7步高效的准备步骤，帮你拿到实习的Offer。

明确实习的意义和价值

通常要先明确实习的意义和价值。其实很多同学都知道拥有几段高质量的实习经历一定会对将来的就业有所帮助，但具体帮助在哪，以及帮助多大就不太清楚了。

其实实习经历在校招HR的心中十分重要，因为这是HR判断一名同学胜任力的重要参考内容，如果一个HR想判断求职者的能力如何，是否能够胜任一个岗位，就需要参考他的实习表现。

所以实习的意义也就非常明确了，至少有一项是增加你未来求职的筹码，让HR看到你在过往实习经历中的优异成绩。

另外不论是你是否就业，一份实习都可以帮助你提前了解未来的工作情况，去体会、判断这个工作方向和自己的匹配程度。不仅能让还未毕业的同学了解所学专业课的价值，也能让快毕业的同学在选择考研或工作方向时，决策更加清晰坚定，少走弯路。

所以建议大学生朋友们，努力去争取优质的实习机会，这会让你在将来更具就业竞争力。

罗列自己所有感兴趣的选项

实习是挖掘自身潜力和扩展职业选择的良好渠道，特别是已经有明确职业规划或正在思考自己职业规划的同学，实习都能让你将想象变为现实，切身投入一个行业的具体岗位中，其感受远比停留在想法中来的真实。

首先要做的就是罗列自己所有感兴趣的选项，看看自己都有哪些就业可能性，哪些类型的实习是自己可以从事的，可以从你的"兴趣爱好、专业、梦想的职位"开始。

然后你可以找到身边的职业顾问，比如学校就业指导中心的老师，帮助你进行方向的选择和制订具体的求职计划，包括提出实习前和实习中的建议。

同时也要开始搜索感兴趣企业的官网，了解更多相关信息。

作出选择

当从自己的"兴趣爱好、专业、梦想职位"开始探索后，很快就能列出自己所有的可能性，然后依据一些重要的原则作出选择。

通过自己的认真思考和老师的指导，通常可以锁定一两个合适的就业方向，然后再结合自己的年级，评估还有几次可能的实习机会。

如果实习后觉得这个方向不太合适，还有机会用其余的时间继续其他方向的实习，积累优质的实习履历。

降低实习求职难度的建议

如果经过一段时间实习简历投递之后，依然没有结果，那就要在排除简历、投递问题之后，主动降低实习的要求，降低实习岗位的期待，具体有三个办法。

第一个，就近实习。对于执着于大城市实习的同学来说，有时也可以选择中小城市的实习机会，重点要关注的是实习的内容是否对将来求职有帮助。

第二个，扩大范围。不要过于拘泥于自己的专业，可以尽量放开实习的选择方向，如果专业相关性很强的实习机会已经不多，也可以考虑涉及通用技能的实习机会。

第三个，别太在意收入。有很多实习的收入不高，这些都没有关系，重点是自己能从实习中获得什么。

明确实习目的，实习目的至少有三个：

（1）通过实习找到适合自己的发展方向。

（2）获得一份优质的实习履历，将来在求职简历中为自己加分。

（3）通过实习全面提升自己对职场的认知，加深自己对行业、职位的理解。

做好充分的求职准备

一旦有了求职方向，也就意味着一定要备好求职材料，同时在心中一定要有求职的"地图"。

求职材料的准备：在网申之前，先做好调研，调研越细致越好。简历要遵从"一职一版"的原则，每投递一份简历都要进行对应的调整，展现优势的时候确保目标准确，这都是加分项。

清理朋友圈和微博：确保自己的朋友圈和微博里面没有影响 HR 对自己评价的图片或内容，特别不要在朋友圈屏蔽 HR。

正确的做法是及时清理和预先发一些行业相关的新闻或自己的思考，如果你是设计类专业的，也可以将自己的线上内容多分享一些到你的朋友圈。记住，确保展示的各类信息都能"助攻"。

求职地图：通常实习和校招的流程相仿，在准备好简历和求职信息之后，就会按照这样的顺序进行求职：网申—笔试—电话／视频初试—复试—Offer，当然如果是就业求职，还会在电话初试之后，有群面和数轮严格的单面。你要清楚自己所处的阶段，提前做好准备。

投递与坚持

投递：投递简历不仅仅是面对各类求职网站，其实还包括了人脉关系。因为有约 2/3 的实习职位，并不会通过常见的求职网站的渠道被公开，而是通过原有实习生和 HR 的人脉圈发布出来。

所以要通过准确的人脉找到更多的实习机会，包括家长、亲朋好友、导师、辅导员老师、专业课老师、学长、以前实习或兼职时的领导与同事。

求职信：不要忘记求职信，不论是跨专业实习还是抢手职位实习，一封诚恳的求职信可以帮助你吸引 HR 的眼球，在竞争中脱颖而出。

坚持投递：此刻就需要一个科学的投递计划了。如果你坚持正确的投递，每天投递 5~10 份求职申请，那么短短一个月时间，你就会惊讶地发现你已经投递了 150~300 份求职申请，自然也会收到更多面试邀请。

面试完后说"谢谢"

越来越多的 HR 初试都会选择电话或视频面试，面试是个重要话题，之前的章节已经多次提到了面试的各类技巧。从第一印象到面试常见问题，再到面试的反问问题。认真阅读本书第四章关于面试的内容之后，最好找一位前辈或老师帮你做面试的模拟演练，这可以让你的回答独一无二并且熟练自如。

当然在面试结束之后，别忘记写感谢信。相比求职信，感谢信在求职中发挥着举足轻重的作用，因为校招面试官收到感谢信的概率不足 1%，这是你脱颖而出的"黑科技"。

Offer！最大化你的收获

如果你已经收到了 Offer，一定要先想好这两个问题，是现在马上回复，还是在回复截止时间之前再回复。有些同学刚刚确认了一个 Offer，就收到

第九章　7步助你斩获优质实习Offer

另一封Offer的邀请，该怎么办？

另外也要在实习前做好预算，提前计算一下自己在实习期间的吃、住、行花销，特别是假期的实习，再结合实习的收入及工资发放，看是否需要家人的支持等，这有助于你实习期工作的稳定。

同时，要明确制订实习的目标，不仅要更好更快地融入实习工作，也要明确自己实习的价值和意义。

第十章 "黑科技"来了

助你高效求职的渠道

你在找工作时想不想一次性尽量了解更全面的求职渠道和方式，高效完成职位的搜索？"黑科技"第一篇将为你介绍"全面投递"的方式，并将职位搜索（Job Search）的技巧展示给你。

求职者中能够把自己的求职过程管理得比较高效的人很少，大部分求职者的求职渠道和职位搜索方式也都比较单一。这样的后果是，往往求职者在拼命地投递简历，但很快就会发现自己能够投递的职位已经所剩无几。

而剩下的时间就只能被动等待，最终很多求职者用"石沉大海"来形容投递的结果，并且会一度怀疑自己的经验和能力。

之所以很快就会丧失信心，是因为某个方向职位在某个地区的一定时间内需求是有限的。特别是当求职者没有"全面投递"概念的时候，往往只会采用单一的方式、单一的渠道去搜索适合的职位，这样很快会陷入职位资源枯竭的困境中。所以，一定要有"全面投递"的意识，让各类隐藏的职位机会全都浮现出来。

其实"全面投递"并不复杂，可以把它分成四个部分。

第一部分是能够增加投递机会的求职渠道，后面会列举10种不同的信息搜索方式，确保第一时间掌握全网的职位动态。

第二部分是能够增加面试机会的投递技巧，这里涉及的是职位JD分析和求职信、简历的技巧。

第三部分是能够持续坚持的健康心态，求职不可一蹴而就，要有接受拒绝和拒绝别人的勇气，同时要具备坚韧不拔的意志力。

第四部分是可执行的投递管理计划，最重要的就是要有行动计划，计划、执行、总结、再行动，反复迭代优化求职细节。

求职者可以分成两类，一类是熟悉各类求职网站、招聘 App，随手就可以获得面试机会的人，这类人就像在起跑线上装了加速器的赛跑选手，一溜烟就冲到了终点，抢到了面试机会还拿到了 Offer。

另一类人则不了解当下的求职渠道，也不知道有哪些求职捷径。现在就一起来补上这一课，不要让自己输在"起跑线"上。

一、从二十年前的求职说起

要想真正了解成功求职的精髓，那就一定要从二十世纪开始说起，那时互联网的浪潮还没兴起，人们还要靠传统的媒体进行求职，那请你来猜猜最常见的求职方式是什么？

没错，就是报纸。当时比较正规的就是各大报刊的"求职板块"，再后来就出现了很多分类信息的小报，那些小报就像现在的同城信息网站一样，最受欢迎的也是求职版。

对于没有铁饭碗的求职者而言，你需要具备很强的信息收集能力，除了从报纸上获得信息，还需要有较好的电话沟通能力、勤快的双腿和基本的简历、求职信的撰写能力。

我们来回顾一下当时的求职流程，看看对你有什么启发。

（1）买些报纸，找到求职板块，准备好一支笔。

（2）用方形和圆形两种方式来圈出和你相关的工作。

（3）方形代表比你薪水略低的职位，这些都是保底选择。

（4）圆形代表比你薪水略高的职位，是用来挑战一下的，这个很有必要，有时我们并不知道自己真实的市场价值。

（5）拨通求职电话或发送电子邮件。

（6）调整自己的简历，认真书写求职信，或请前辈帮你写一封推荐信。

（7）记得在打电话之前，先给邮箱里面邮寄你精心准备的求职信和简历，这样便于面试官接电话的同时可以了解你的信息。

你看到了什么？首先，从不同的形状标记中，可以看到对职位的整理归类；其次，可以看到不论以前还是现在，精心调整过的简历和求职信都是必不可少的；再次，一通自信的求职电话是给面试官留下良好印象的基础，同时也是获得见面机会的钥匙；最后，还能看到抢占先机的必要性，要知道，有些职位真的是要拼速度的，来得晚了，也就没有机会了。

这些经典的求职策略和技巧，从来都不过时，细心的读者发现了，还有一样没有提到，那就是勤快的双腿！

1. 勤快的双腿

其实现在在很多中小县城，依然很流行在一些沿街的门店直接张贴求职信息。同样，很多大城市也会看到一些酒店 LED 屏幕滚动着招聘信息，这些信息往往是给那些走在路上的求职者看的，有时甚至比互联网的方式更有效。

2. 亲朋好友的介绍

刚刚讲的老一套的求职方式，其实只是当年求职途径的一种。除了看报纸、打电话、双腿跑，还包括亲朋好友的介绍。

总结一下从老一辈人身上得到的经验，包括：收集信息的能力（看报纸）、处理信息的能力（分析和标注）、准备求职工具（写简历求职信）、恰当的投递方式（打电话或直接上门）、出色的沟通能力（电话、面谈）、勇气和毅力（敢于打陌生电话和拜访）、好人缘（有能力获得他人帮助）等。

3. 互联网搜索能力

当下的求职过程仿佛是一场信息战，谁能第一时间获得适合自己的职位信息，谁就能更早抢到求职机会。下面为求职者列举 10 种搜索职位的方式。

（1）职位搜索聚合。很多人都了解求职网站，但是却不知道还有能够一次性搜索多个求职网站的"搜索聚合"。通过"百度百聘"这样的职位搜索聚合，一次搜索就可以看到几百家求职平台的相关职位信息，省去一个一个网站去搜索职位的烦琐。

（2）学校就业官网（及校园双选会）。这些是大学生独有的求职途径，通常不对社会求职人员开放。来学校招聘的用人单位，都会刻意放低招聘标准（相比社会招聘），会给同学们提供更容易获得的求职机会。

（3）实习留用。很多临近毕业的同学，一定要注意最后一段实习经历。通常最后一段实习经历尽量争取有"留用机会"的实习工作，这样往往可以快人一步，在其他同学还在忙着找工作的时候，已经提前入职了。

（4）企业官方微博微信。不论是校园招聘还是社会招聘，一定要将目标企业的微信公众号、微博、头条号等都关注起来。通常大型的招聘活动，一定会在企业自媒体进行发布，当你长期关注一家企业官微时，也会对你之后应聘该企业或该行业有很大的帮助，特别是当面试官问到你是否了解企业时，你会有很多提前储备好的材料。

（5）招聘网站。像智联招聘、前程无忧、猎聘网等大型求职网站都是必选项。这里特别要强调一下，有些垂直招聘网站在某些领域更有效果，比如对大学生而言，可以登录应届生求职网、北京高校就业生信息网等，另外互联网求职可以去拉勾，餐饮门店类的去58同城的招财猫等。

特别强调一下，各地人才交流市场的网站、官微也是一个不错的渠道，能够很好地满足在某个地区的求职需求。

（6）Linkendin领英、脉脉、Boss直聘等实名制人脉平台也不能错过。像脉脉是通过二度、三度人脉这样的方式，拓展自己的人脉圈，也兼具招聘求职功能。

Boss直聘，这个App很多求职者也很熟悉，相比其他求职方式，优点是即时性，平台把求职网站和即时聊天工具结合在一起，看好职位就直接聊，简单快捷。

（7）直播平台。各大企业的空中宣讲会已经登陆很多直播平台。为了能够获得更多求职者的关注，企业纷纷和各大流量平台进行合作，求职者也可以专门去关注一些大型企业的账号。空中宣讲会中就可了解更多的校招过程中的流程和准备技巧，有时也能幸运地获得内推码或者面试绿卡。

（8）行业群。这是个快捷的求职渠道，也是比较精准、快捷的方式。很多行业内的面试官都会到行业群当中去寻觅有经验的从业者，相比在简历库里搜索，可以节省大量的宝贵时间。求职者可以通过微信或 QQ 寻找到一些相关行业求职群，群内你会获得很多和 HR 直接交流的机会。

（9）内部推荐（人脉推荐）。这是相当省事的方式，之前辅导的求职者当中，有不少我觉得很不错，直接就推荐给熟悉的 HR。好多求职者连网申都省了，直接进入面试环节，很快就拿到了 Offer。同样的方式适用于你的亲朋好友、导师、学长等，记得这是一个绝对不要忽略的途径，找工作或者换工作，记得把消息散播出去。

（10）猎头。在行业内有一定经验的求职者，应当注意积累和自己联系过的猎头人脉。有猎头帮你，求职能少操不少心，当然了，我们要先努力成为一个被猎头看重的求职者，先有价值才会被尊重。

二、你还需要这些

继续自我提升：有了这么多的途径，也必须要提升自身的职业价值，否则求职策略和技巧再高，都不过是昙花一现，最重要的还是自身技能的不断提高。

求职技能的学习：包括岗位分析、简历制作、求职信撰写、群面单面技巧、求职跟踪技巧等。

求职计划的执行：凡事预则立，不预则废。一定要制订详细的求职计划，在明确了求职目标，做好相应的求职材料准备之后，就要按计划进行投递的管理和跟进。很多求职者习惯投后不管，这会浪费很多机会，也会很快耗尽辛苦搜索到的职位机会。

最后，就是健康的求职心态。求职是一个追求梦想的过程，一定会遇到挫折和困难，但其中每一份经历都是宝贵的财富。不论是否能够面试成功，都要学会在求职中进行反思和总结，主动积累人脉，加深对行业的认知。投递中学会"再坚持一下",更高的薪水和更好的发展机会一定是属于你的。

性格内向的同学看过来

一、内向不等于自卑、内向不等于不会表达

很多人觉得在求职中,内向的人肯定要吃一些亏,因为内向的人好像往往有些自卑、不善于表达。这绝对是个应该更新的观念,其实很多人都错误地理解了"内向"的定义。

二、什么是"内向"

所谓"内向"和"外向",用一个容易理解的角度,是你做什么可以让你的精力得到恢复,好像在充电一样,而做其他的事情就会大量消耗精力,好像在快速放电。

通常外向的人与人交际的时候,越和人们在一起,越兴奋越放松。但是独处的时候,可能会坐立不安,感觉很孤独,连个说话的人都没有,做事情也提不起精神来。

而内向的人恰恰相反,当他们独处或和亲密的人相处的时候,精力比较充沛,但当处在社交场合时,则会沉默寡言。

三、撕掉自卑、不善表达的标签

内向的人其实和自卑并没有关系,很多看起来很外向的人,内心反而是自卑的。

很多内向的求职者是很善于表达的,他们深思熟虑、三思后行,他们思维缜密、逻辑清晰,常常沉思默想,但是当他们开口时,可能蕴含着巨大的能量。

四、远程面试的机会

远程在线面试可能会影响外向型求职者。因为很多外向型的求职者,要通过丰富的肢体动作、夸张的声音变化、比常人交谈时更近的身体距离以及热情来与别人建立关系,同时还能通过细致入微的观察来掌控谈话的节奏。

但远程面试的限制就在于上述几点，外向的求职者在电话、视频面试的时候，有时的表现和面对面接触判若两人。他们透过模糊的画面可能无法及时捕捉面试官的情绪变化，当镜头的画幅无法展示其肢体动作、声音通过无线电传输之后，人与人的距离感变得更加难以逾越。所以外向的求职者要注意做好远程面试的充分准备。

内向的求职者，在远程面试之前，往往会做更多的准备，从硬件的调试到软件问题的提前预设，当镜头打开的一瞬间，呈现给面试官的往往是更放松的自己。

五、找对方向、发挥优势、避免设限

当然除了面试方式带来的变化，还是要回到求职的本质上来，就是求职者和岗位之间的匹配关系。我们的求职目标和方向要准确无误，通常要认真分析自己的"价值观、能力、兴趣和性格特点"，与此同时要仔细研究目标行业、企业和职位，在做到知彼知己的情况下，才能准确发挥自己的优势。

六、知己知彼、精心准备、放松应对

通过三步来更好地准备，分别是"知己知彼、精心准备、放松应对"。

1. 知己知彼

知己知彼的部分要求我们做更加细致的探索工作，完成初步的自我探索，找到自己的优缺点、擅长的方向并吸收一些宝贵的发展建议。

同时基于自我探索得出的结论，进行全面的目标行业、企业、岗位的调研，提前了解岗位的需求特点，仔细分析岗位 JD，将自己的优势准确地与岗位的需求进行匹配。

2. 精心准备

这个部分要将求职的每个环节提前进行充分的准备。

简历和求职信：这部分要求我们全面掌握简历的制作技巧，重点要将优质在简历和网申的过程中点对点地匹配到职位说明中，也就是通过简历的描述，就可以让面试官判断你是合适的求职者，从而快速给你面试机会。

当然提高成功率很重要的一点，是求职信的加入。

群面：提前了解群面题的7大类题型、5类群面角色，这些都是接到群面通知前，就应该做好的准备，如果有条件，进行几次模拟实操会更有帮助。

单面：单面一般是求职者的必经环节，通常面试问题分为"结构化面试"和"非结构化面试"问题，其中包含常见的几类面试问题"求职意向类""工作技能类""过往经历类"等，可以留意第四章关于单面模拟课的内容。

同时，自我介绍作为重要的开篇，也是要精心准备的部分，要记住提前做好充分的演练和准备十分必要。

3. 放松应对

很多求职者在找准自己的定位之后，会突然发现职业的海洋如此广阔，职业的包容和接纳能力是超乎想象的。原来我们每一个人都有希望找到属于自己的"梦想职业"。通过这个"梦想职业"我们将会实现自己的理想，而求职，就是迈出追寻自己"梦想职业"的第一步。也许这一步会充满挑战，但是只要做好准备，就一定会更加从容。

补一点《中华人民共和国劳动法》的常识

一些求职者有过试用期被辞退的经历，但是有多少人想过试用期被辞退，还能拿到补偿。还有无薪培训、无薪试岗、不上社保等不规范的用人方式，在被辞退的情况下都可以作为赔偿的证据，本节就带你解开疑惑，帮你拿起法律的武器保护自己的权益。

疫情期间曾经有一名同学写邮件来咨询："我在的公司先是不发疫情期间在家办公工资，然后以试用期不符合要求为由降薪。但是我没同意，因为我签订了为期一年的劳动合同，试用期从1月2日开始到2月1日。但公司是在2月3日通知不发工资和降薪的，请问这种情况下该怎么办，可以要求补偿吗，我算不算已经通过了试用期？"

这位同学遇到了一个非常特殊的"企业因疫情影响毁约"的问题,她已经签了劳动合同和三方协议,原本以为疫情之前自己找到工作很幸运,但这家企业还是毁约了。借助这个案例,一起来了解一些常用法律常识。

根据《中华人民共和国劳动法》(以下简称《劳动法》)第二十六条的规定,有下列情形之一的,用人单位可以解除劳动合同,但是应当提前三十日以书面形式通知劳动者本人:……(三)劳动合同订立时所依据的客观情况发生重大变化,致使原劳动合同无法履行,经当事人协商不能就变更劳动合同达成协议的。

同时第二十八条规定,用人单位依据本法第二十四条、第二十六条、第二十七条的规定解除劳动合同的,应当依照国家有关规定给予经济补偿。

所以可以看出,如果已经签订劳动合同的企业单方面解约,是要提前30天(已入职的情况下)或赔偿一个月的薪资。对于还没有入职的应届毕业生,则需要看一下当时的企业、学校、学生的三方协议,根据协议规定赔偿。但"疫情期间"国务院发布了通知,原则上要求企业不能因为疫情不履行劳动合同,所以这位同学可以先主动和企业协商是否可以继续合同但时间有所调整,或通过法律途径要求企业按三方协议赔偿。

一、老板辞退试用期员工的教训

记得很久之前毕业的一位胡同学,他在创业当老板不久后遇到了一个棘手的问题:他因为没有按正常流程辞退新员工,而被新员工提起劳动仲裁。

这位胡同学对《劳动法》很不了解,在他看来"试用期"不算是正式的劳动关系,只是一个公司选择员工的过程。他聘用了一名员工,但在日常工作中发现这名新员工并不适合这份工作,于是直接在试用期辞退了这名新员工。

当这名新员工把胡同学告上仲裁庭时,他才发现,自己有多无知,既没有在试用期和员工签订劳动合同、及时缴纳社保,又仅凭工作不合适的理由就辞退了该员工,这回要面临的赔偿和补偿的确都是胡同学应该交的学费。

二、试用期和转正的差异

胡同学其实对试用期的认识存在很多误区，同样，很多劳动者也对试用期缺乏正确的认识。以下列举试用期和转正之后的差异。

根据《中华人民共和国劳动合同法》（以下简称《劳动合同法》）第十九条规定，①试用期的时长：劳动合同期限三个月以上不满一年的，试用期不得超过一个月；劳动合同期限一年以上不满三年的，试用期不得超过二个月；三年以上固定期限和无固定期限的劳动合同，试用期不得超过六个月。②是否可以延长试用期：不可以，同一用人单位与同一劳动者只能约定一次试用期。

薪资差异：试用期不低于正式合同规定薪资的80%；转正后按100%支付。

企业正常辞退补偿金：试用期无补偿；转正后依据在本单位工作的年限，每满一年支付一个月工资的标准向劳动者支付，六个月以上不满一年的，按一年计算；不满六个月的，向劳动者支付半个月工资的经济补偿。

无正当理由辞退：不论是试用期和转正，都可以要求继续履行劳动合同或要求赔偿。依据《劳动合同法》第八十七条，用人单位违反本法规定解除或者终止劳动合同的，应当依照本法第四十七条规定的经济补偿标准的二倍向劳动者支付赔偿金。

要不要签劳动合同：必须签，因为试用期是写在正式劳动合同之中的。如果不签可以要求双倍支付工资。根据我国《劳动合同法》第八十二条的规定，用人单位自用工之日起超过一个月不满一年未与劳动者订立书面劳动合同的，应当向劳动者每月支付二倍的工资。用人单位违反本法规定不与劳动者订立无固定期限劳动合同的，自应当订立无固定期限劳动合同之日起向劳动者每月支付二倍的工资。

试用期要不要上社保：必须上，根据《中华人民共和国社会保险法》第五十八条规定，用人单位应当自用工之日起三十日内为其职工向社会保险经办机构申请办理社会保险登记。

三、劳动者在试用期可以主张的四大权利

总结一下劳动者在试用期可以主张的权利：必须签合同，不签的话要赔双倍工资；要上社保，不上也要赔偿；如果被辞退，必须有正当理由，不得以不适合岗位这样笼统的理由辞退，否则两倍补偿金；另外不得延长试用期。

四、维权途径及注意事项

首先，要和企业主动沟通，消除误会，寻求协商解决的办法。

其次，协商无果的，到当地劳动仲裁委员会申请调解。

再次，调解不成的，向劳动仲裁委员申请仲裁。

最后，如果对仲裁不服或有异议，向当地人民法院提请劳动纠纷诉讼。

根据《劳动法》第七十九条规定，劳动争议发生后，当事人可以向本单位劳动争议调解委员会申请调解；调解不成，当事人一方要求仲裁的，可以向劳动争议仲裁委员会申请仲裁，当事人一方也可以直接向劳动争议仲裁委员会申请仲裁；对仲裁裁决不服的，可以向人民法院提起诉讼。

五、正确对待试用期

我们要正确对待试用期，因为试用期是双方彼此考察的磨合期。设置试用期是非常合理的，不仅企业会考察求职者，求职者也要考察企业。如果求职者在试用期内发现自己不适合，提前3天提出辞职就可以离职，无须像正式员工一样有烦琐的离职手续。

试用期的工作技巧：提前转正与涨薪

很多求职者，特别是应届毕业生很担心，当和企业签订三年以上劳动合同时，试用期通常有6个月。长达半年时间的试用期，总是让人感觉心里不太踏实。

其实不用过分担心。要意识到这样的规定是针对每一名员工的。而且试用期的紧迫感，能让我们更快速地融入团队、适应工作。

要想平稳度过试用期，除了调整心态，还要特别注意以下两点。

纪律及文化适应：试用期企业对员工最基本的考核，就是纪律。有的新员工自控能力较差，试用期时经常迟到，也有的到了新单位还是拿老单位的思维习惯来与新同事共事，这都会影响试用期的考核。另外还有企业文化的适应问题，都需要求职者先端正自己的态度，才能快速融入和适应工作环境。

做好分内、外的工作：这是试用期特别要注意的地方，有的人为了安全度过试用期，只注重自己分内工作的完成情况。其实作为新人应当在自己工作有余力的情况下，主动帮助其他同事，这也是融入团队非常好的方式。

一、提前转正的策略

能够提前转正，甚至转正时能够加薪的求职者一般身上会有一些相同的特点。

首先，他们都很优秀。企业担心优秀的新员工跳槽，这个时候直属领导往往会向人力资源部门申请提前转正。记住，这时是你提出涨薪的好时机。

其次，能够超额、提前完成工作任务。这个标准很容易衡量，有的时候领导会布置试用期的考核标准或工作任务，当你可以高质量完成工作，超额或提前完成工作任务时，往往直属领导会看在眼里，如果接下来的任务你依然可以高质量完成，你离提前转正就不远了，这时你可以提出提前转正的申请。

最后，态度诚恳、谦虚，为人处世成熟。当你能够很好地融入团队，让所有人都感觉你已经是团队一员的时候，也可以提出申请。

提出提前转正的注意事项：首先，要注意提出提前转正的时间，至少要试用期过半之后，切记不可过早提出；其次，要用书面的方式申请，邮件或打印文件都可以；再次，要确保以上几点优势至少满足两点；最后，要准备好申请原因和理由，争取一次性申请成功。

当然一定要做好被拒绝的准备，即便被拒绝了，也很正常。有时是公司的惯例，从不提前转正；有时是领导觉得还不适合，那刚好是你和领导请教工作提升方向的好时机。

二、提出涨薪的注意事项

在试用期转正时提出涨薪要注意：首先，确保自己满足以上"提前转正"能够做到的几点，即贡献明显、业务能力强、态度端正等。

其次，试用期转正提出涨薪一定要有把握，知道自己的能力在同事中的排名，还有是不是团队缺你不可，当判断自己的能力、潜力、工作态度、人际关系等都比较靠前时，提前涨薪才有可能会被同意。

最后，一定要注意提出涨薪的谈话方式，"表忠心、列数据、看时机、谈苦情"是一个可以参考的谈话思路。和领导谈话时先"表忠心"，谈自己未来的职业规划，一定是和在公司如何作出更大的贡献相关；"列数据"是指将自己过往的工作成绩进行客观的陈述；"看时机"是指找准"天时、地利、人和"的时机很重要，天时指的是业务发展的上升期，地利是指自己现在在团队中不可或缺，人和是指你和领导还有同事的关系还不错；"谈苦情"，一定要把你要求涨薪的经济需求和家里的经济压力都讲出来，让领导有理解你的基础。

嘱咐大家，切记不要"落井下石"，也就是在公司最困难、员工纷纷离职的时候提涨薪，就算你申请成功了，也不免有胁迫的意味，等到公司缓过来的时候，你可能会是最先被"请出"团队的人。

远程办公提高效率的 6 大技巧

在远程办公越来越能够被企业所接受的同时，也成为不少求职者应该了解的工作形式，虽然不一定每个岗位都会是这样的状态，但是部分岗位远程办公的趋势一定会成为下一个十年重要的变化之一。

远程办公可能会有办公效率的损失问题。主要因为两点，第一是工作协同的实时性减弱，同事之间无法像面对面办公时随时表达、交换意见；第二是自律性问题，在家办公很容易受到家庭休闲氛围的影响，加之家里老人孩子都在身边，难免会在注意力上有些分散。

远程办公的优势是什么呢？一个明显的好处就是会节省从家到单位的路程时间。

一、信任的博弈

疫情期间有一条新闻，一位在家办公的朋友因为适应不了领导全天的"视频监控"而情绪崩溃，她觉得在家办公比正常上班还有压力。其实这是错误的远程管理方式导致的员工负面情绪。

稍后也会有给管理者的建议，希望能够通过学习一些更恰当的远程办公管理方式，既可以保持团队远程工作的高效率，同时也可以让员工获得尊重感。

允许员工远程办公的企业，其实还是非常人性化的，但员工要及时调整自己的工作状态。不过在家办公效率很低，该怎么调整呢？

二、远程办公的6大技巧

1. 洗脸、洗头、化妆，穿正装

这是一个要求比较苛刻，但是比较有效的办法，有很多朋友喜欢用这样的方式来调整在家办公的状态。

2. 专门的办公区域，专门的办公时间

需要在空间和时间上为自己划分明显的界限，空间上提前整理出合适的办公空间，将非办公相关物品一律收起，时间上和家人做好约定，在高效率办公的期间尽量减少交流。

3. 远程办公做计划、写总结

工作中远程办公的计划性要比平时更强，经历过一段时间的远程办公，很多人会感觉孤单，特别是平时需要同事协作比较多的岗位，会有"信息孤岛"的感觉，这时就需要有计划性和细致的总结能力。在每天部门组织的计划和总结讨论时，提前和其他同事进行沟通，避免过多的临时远程协调，这样会大大增加自己和同事的工作效率。

4.及时汇报、及时沟通

这是远程办公获得领导信任的技巧之一，保持主动的阶段性工作汇报，有问题及时联系沟通，都可以让领导更加放心。汇报和请示解决方案时，要保持更高的主动性，主动提供至少两种解决方案进行汇报，这样可以让自己对问题有更深入的思考，并让领导对你的工作能力有更多认可。

5.管理者做到定时沟通

后面两条就是给团队领导的建议了。第一，要确保管理者自身有良好的工作状态，参考上述四点，以身作则；第二，可以通过晨会和晚会，或更密集的早、中、晚三次远程会议保持高密度的工作协同和安排。

晨会通常要检查每名员工的工作准备状态，并且安排一天的工作细节；晚会要及时发现当天的工作问题，要求每名员工都做好工作记录，确保每天每名员工都有自己的计划和总结。

6.管理者要照顾到每一个人

当然管理者要对参与远程办公的员工，提供"远程办公心态"和"远程办公软件使用技巧"这两个方面的基础培训，要知道很多员工在远程办公上毫无经验，自己效率低下也找不到好的解决办法，管理者要及时提供帮助，并且在工作中，通过一对一或一对多的方式照顾到每一名员工的近况，特别在疫情时期，要关心每一名员工的健康。

12类严肃在线兼职

越来越多的人开始关注远程在线的工作，国内现在全职的远程办公的工作较少，但是在线兼职的方式在互联网和人工智能等行业中，已经异军突起，下面将使用通俗易懂的语言，将工作能力要求从简单到复杂、从非专业性到专业性要求的顺序，揭开12类"严肃在线兼职"的"神秘面纱"。

一、人工智能"标注类"在线兼职

首先要了解什么是"标注"。是不是没有专业知识的人也能从事"标注"

的工作，答案是喜人的，很多标注类的工作对专业和学历要求都比较宽松。

"标注"工作通俗的理解就是通过标记软件完成对一些特定数据的标记工作，对人工智能数据进项加工的过程，再通俗一点，就是通过标注、标记的工作，让计算机能够慢慢学会人类世界的交流内容。

举个语音标注的例子。现在各类输入法都有语音识别或语音转文字的功能，那这个功能是如何实现的呢，机器怎么会听懂我们发出的声音呢？

其实机器是通过一套智能算法来实现的，这类智能算法就好像人类的大脑一样，当我们还是孩童的时候，听到外界的声音并不能理解，随着我们的成长，会从最简单的"妈妈""爸爸"等词语开始，慢慢能够听懂并理解更多复杂的词语。

智能算法也是一样，最初它只懂得很少的东西，需要人工的"喂养"，也就是"喂数据"，比如一段音频讲什么，帮助机器知道它的具体含义，通过大量标注之后，机器慢慢会在音频和文本之间建立联系，也就慢慢能够学会人类的某种语言了。

二、标框标注——让机器找到关键信息

这是机器视觉科学中常见的人工需求，比如常见的人脸识别和物品识别，常见的方式有"图片框选"或"人脸骨骼打点"，通过框选，可以让机器找到人脸在图片中的准确位置，通过人脸骨骼打点，可以让机器明白人的五官的位置、动作变化等，这是机器理解人类表情的基础，类似"打点"的标注工作，还可以用在标注人体骨骼或汽车轮胎与地面的交界处等常见的场景。

标框标注可以通过线标注、边框标注、3D框标注、多边形标注等更多方式进行标注。

三、分类标注——让机器学会区分

一般是帮助机器识别图片是哪一类，现在很多手机图片传到云端存储时，机器都会自动进行分类，背后就是基于这样的人工智能基础，比如标记：儿童、成人、男、女、黄种人、长发等，还会应用在脸龄识别（猜年龄的程序）、情绪识别、性别识别等。

图片分类还能帮助机器分辨涉黄违规图片、不清晰图片、错误归类图片等，用途广泛。

四、点云标注——自动驾驶的基础

点云标注，相比于标框标注，点云标注要求更加精确，边缘柔性可变，是自动驾驶的基础。通常会标注车辆位置、红绿灯位置、行人、马路标识等。

五、图像语义分割——识别复杂的信息

根据检测区域不同，将图像标注为不同的区域，并进行详细的文字或标签标注，例如来自汽车拍摄的图像。

六、跟踪标注——你跑不掉啦，我能跟踪

通常用在视频或连续帧的标注，比如帮助交通摄像头连续锁定运动的车辆等。

七、其他数据标注相关工作

随着人工智能行业的发展，更多类型、更多种类的标注需求会不断涌现，比如地图类标注，标注的管理工作，训练集、测试集的设计统计，数据清洗，监督学习的实施等。

越来越多的数据标注工作都提供了全职和在线兼职等多种工作方式，通过求职网站或搜索引擎去搜索相关的标注工作，能够找到很多这类型的专、兼职工作，工作通常都会按照小时、任务包的完成和通过率支付报酬。

八、审核类在线兼职

现在很多短视频、视频网站最吸引人的已经不仅是内容本身，还有有趣的评论，甚至有些人就是看评论的。内容及评论其实都是需要很多审核工作的，审核又分为人工审核和机器审核。

人工审核通常分为专业类或非专业类，专业类比如医药类的信息、外语类的信息、汽车行业类的信息等都需要学习或从事相关专业的人来担任，当然也有很多非专业类的审核工作，比如用户留言、评论的合规审核，视频或

文字内容的合规审核。

九、电商客服类在线兼职

电商客服可以归属到网络客服的大范围内，现在很多电商都需要大量的人工客服，通过简单的培训掌握了系统使用和快捷短语等基础操作，大部分人都可以快速上手。我们可以通过很多电商网站的兼职客服平台寻找相关工作，也可以通过招聘网站寻找。

电商客服类很有趣的一点是可以同时为多家店铺提供客服工作，并且电商客服通常会有绩效奖金或销售提成。但是需要特别注意的是现在网络有很多虚假的兼职信息，要多加注意。

十、UGC 类

最后分享的三类开始有一定的门槛了，首先说下 UGC（User Generated Content），也就是用户生成内容，即用户原创内容。现在很多网站、App 都是需要大量的用户生成内容的，图文内容、视频内容、问答都是常见新媒体的内容形式，同样网站也会直接或间接提供给你相应的报酬。

如果你有较强的创作能力，可以自行开始创作并运营自媒体账号，现在各大平台都有很多创作者的申请入口。如果对自己的创作能力还没有太多信心，那你可以找到 UGC 类的外包公司，去帮助这类外包公司完成一些指定内容的生产，通常这类内容创作是比较固定的，有培训也有相应的标准，按时间或任务支付兼职收入。

注意这类兼职的薪资是有可能为 0 的，但也的确是上不封顶的，只是大部分人可能在一段时间内没有太多收入，只有少部分人坚持下来并且在平台支持下成长为"大 V"后，收入会很可观。

另一种相对保守的方式，是成为外包公司的兼职人员，这样还是按投入的时间或任务完成度来领取薪水。

十一、在线专业技能输出类：教师类、技能类、医师类等

还有一些兼职的工作是面向大学生或特定行业从业者的，比如"在线教师"类，新冠肺炎疫情时这类需求大增，比如针对中、小学阶段各科目

的远程家教或在线授课教师，通常在招聘网站中都能找到这样的信息，一般要求从业者是知名高校的研究生、本科生，有过家教经验，擅长特定学科的教学。

另外，现在也有很多平台是面向各类技能拥有者的知识付费平台，只要有一技之长，就可以通过制作付费课程获取粉丝和经济收入。

现在很多人开始使用线上的问诊平台，很多医院的医师也开始通过网络有偿问诊的方式获得一定的经济报酬。

十二、专业IT需求类

代码开发、运维、测试、设计、插画师等都是不错的技术类在线兼职。具备相关技术的人，可以通过专业网站或外包公司接到相关的工作和任务。不过这类工作往往都是面向具备比较强的专业能力和项目经验的专业人员的，这类任务的报酬一般比较丰厚，有时不亚于全职工作的收入。

很多人都在寻找兼职或副业，这里介绍的岗位只需要网络和电脑就可以完成，这些岗位也同样适合大学生进行远程兼职或远程实习。随着时代的发展，会有越来越多的新职位出现，也让我们有更多机会去尝试不同的就业方向，体验不一样的人生。

如果我是便利贴，我该怎么办

电影《杜拉拉升职记》可能很多人都听说过或是看过，这是个典型的"便利贴女孩"逆袭的故事，片中杜拉拉的形象也是很多职场小白的典型写照。为什么便利贴会成为一个热门词汇？是不是每个同学都会经过便利贴的阶段？你到底是不是一个便利贴？该怎样快速度过职场便利贴这个阶段？这些问题可能困扰了很多同学，下面就一起来寻找答案。

一、判断工作状态及持续时间

要判断自己是不是便利贴的状态，通常可以通过自己本职工作和给其他人帮忙的时间比重来判断。初入职场的新人给前辈帮忙很正常，也要通过帮忙让自己学习和成长，与前辈建立更深入的关系。

但要分辨的是，如果这是最近领导突然让你去做的，脱离了本职工作只打杂，并且已经持续了很久，那么，你要有不同的调整策略。

如果一直是这样的状态，你就不用太担心，一个团队中可能需要一个打杂的角色，要逐步作出改变。

但如果领导最近突然停掉了你手头的正常工作，把你变成了打杂的，这个多数是领导有调整你的想法了。但不论怎样，都要及时找机会和领导主动的沟通。

二、找机会和领导沟通

沟通是消除误会、确认领导意图最直接也最准确的方式。对于突然被安排打杂的情况，不能直接跑到领导面前去询问是不是要把我赶走，而是要抱着积极的心态来准备和沟通。也许只是领导临时性的工作调整，或者领导没有意识到你变成了大家的"便利贴"，有什么事都会找你，再或者领导真的是不想重用你，但你需要了解原因才能有所改变。

三、沟通哪三个有效问题呢

首先，要请领导从更高的角度来评估你的努力，提一些宝贵建议。沟通之前要做好自我总结和分析，将过往经历当中的不足和优点都梳理一下，然后向领导请教可以提升之处。这样做可以让自己了解到领导眼中你的职位该做什么不该做什么，也会让领导更细致地了解你的工作现状和你所付出的努力。

其次，请领导帮忙出主意或为你说话。如果沟通中你发现自己的职位其实没有那么多打杂的内容，这时就需要向领导提出自己的想法，明确表示自己很渴望成长和进步，只是同事们会无意识地让自己帮忙做些事情。但自己真的想改变，需要领导帮忙出出主意，甚至需要领导帮忙在某一个场合为自己说话，让大家的琐事不再影响你的本职工作。

最后，如果你感觉到领导对你很不满意，那么一定要及时承认错误，并且询问领导下一步自己该如何做得更好。这一步很关键，因为领导的确可能已经有让你离开的打算，但是很多领导并没有做最终决定，主动沟通往往能够及时挽回局面，让努力有明确的方向。

四、为自己作出未来的职业规划

大家都是从职场小白成长起来的。人和人的差距在于，成长的规划不同、经历的时间长短不同、有没有贵人相助等，这些不一样的因素最终可能导致巨大的发展差异。

所以需要先明确自己的优势、劣势，清楚职位是不是适合自己，这个职位的发展路径是怎样的，以及自己该怎样提升才能适应职位的发展，最后还要明白职场人际关系的哲学。

如果一份工作明知是跳板，我该去吗

什么样的工作会被看作跳板？该用什么样的策略去应对呢？

一、把自己不满意的工作当作"跳板"

口语中的"跳板"是一个特别宽泛的概念，只要是自己现在觉得不适合的、不喜欢的、薪资不满意的都可能被定义成"跳板"。

从前在一座小城里，同一天有两位年轻且陌生的面孔出现在街头，他们都是准备新迁入的居民，他们就去和街头的老人闲谈，询问小城的人们彼此相处得怎么样。

老人没有回答他们，而是反问两位，你们之前生活的城市中人们相处得怎么样。

第一位年轻人抱怨道，"我之前的邻居都太吝啬并自私了，生活在那里我没有朋友，非常孤独，所以我想寻找新的落脚点"，老人回答第一位年轻人说，"那很遗憾，我们这里也是这样，恐怕依然不适合你落脚。"

第二位年轻人充满不舍地回答道，"我很喜欢之前的城市，那里的人们善良而友好，我在那里有很多割舍不掉的友谊"，老人回答第二位年轻人说，"恭喜你年轻人，这里要比你之前的城市更加美好，每一个人都是非常友好而善良的，欢迎你搬到这里。"

同一个问题，老人的回答截然不同，其实环境并没有变化，只是人们心中的看法不同。所以如果对自己的工作不太满意，最好先对这份工作进行更深度思考，看一看是不是自己出了问题，否则再换更多的工作也无济于事。

二、有明确目的的"跳板"

除了实习，通常刚刚进入工作或进入一个新的行业，都会有一段过渡性、尝试性的工作。

我曾经辅导的一名女生，之前是个程序员，后来想转入IT的售前支持岗位，在仔细思考后，她选择接受了一份不太知名的小公司的售前支持Offer。她的目的很明确，就是通过这段经历，在公司能接受自己的情况下，尽量去学习、成长，平稳转行。

也有财务专业的同学，会先去四大、八大会计师事务所，工作几年之后再去甲方，诸如此类的都是属于有明确目的的"跳板"。

三、有明确目的的另一类"跳板"

有些职位在大城市中会有落户的机会，但不少求职者只想通过这类工作达成落户的目的。如果求职者后期不打算长期从事这个职业，就要提前准备转行所需的技能和人脉。往往目的达成之后再准备，会面临很大的转行压力。

四、无目的的短期工作"跳板"

平时的咨询中还会遇到一类同学，他们因为自身求职准备不够，会错失适合自己的发展机会。原本可以拿到很好的Offer，但因为自己没有系统准备，最后只能选择一份短期的工作作临时的过渡。

就像有的同学会选择"三支一扶"，但细问他们的规划时，却并不知道完成这段工作之后，自己下一步的打算是什么，原本很好的"三支一扶"的机会，也没有利用好。

还有的同学是彻底放弃的状态，他们因为没有拿到合适的Offer，只要有人给他们Offer，他们就会去。

所以这几类朋友，要格外的注意当下的选择，不要忽略职业规划的意义和价值。千万不能因为逃避短期的就业压力就随意下决定，往往这样的决策之后，自己会比之前更加盲目，也会错过最黄金的发展机会。

五、鲤鱼跳龙门——"实习跳板"

还没有毕业的同学要利用好实习的机会，实习可以帮助你完成三类跨越。

第一类是提前为最后的就业准备一段实习经历，如果实习工作的相关性很强、品牌也比较大，那后期"背书"的价值就会很大。

第二类是跨专业就业的同学，利用和最后就业方向一致的实习帮助自己提前积累相关行业经验和人脉，有利于顺利拿到跨专业职位 Offer。

第三类就是"有留用机会的实习"，能够帮助同学们占得校招先机，提前锁定自己心仪的企业职位，一份实习直通就业。

六、为了创业做准备的"跳板"

还有不少求职者，打算将来自己做老板，会为了创业提前学习、储备技能或人脉。这类求职者要注意，自己未来的创业能力和在一个大平台的工作能力，可能会有所不同，在没有十足的把握时，别轻易选择创业，风险要考虑好。

在创业之前，考虑是否能够通过自己的努力，成为现在平台的高管、合伙人、持股的职员等，这也是实现自己创业梦想的另一条捷径。

七、用健康的心态看待眼前的工作

其实大部分工作都可以看作"跳板"，因为通常不会一份工作干到退休；同时大部分工作也都不是"跳板"，因为在一定的工作时期内，谁也不想总换工作。

因此要正确评估一份工作当下的价值和作为"跳板"的价值，不仅要全力以赴做好现在的工作，更要未雨绸缪、长远规划，提前看到将来的变化趋势。

八、为自己建立"未来简历"

"未来简历",是将下一份工作的要求提前明确的方法。写入"未来简历"中的能力或经验,无论是否已经具备,都能让你更明确下一步的努力方向,最终帮你争取到梦寐以求的工作机会。

要想完成未来的简历,要做好三部分工作。第一,是提前分析目标企业职位的 JD,提炼其中的关键要求,将这部分要求写入"未来简历",如学历、证书、过往实习、工作经验、成绩要求;第二,是制订可执行的提升计划,逐步完成"未来简历"中暂时还没完成的目标;第三,是要格外注意行业职位的门槛变化,因为有些职位的门槛是无法通过短期努力去改变的,比如第一学历的要求,性别、年龄要求等。

就业还是创业,回到最初的梦想

一、就业还是创业,是个难题

就业和创业的差别,可以从几个简单的维度进行一个初步的对比,这样可以更好地认识到两者之间的差异。

二、收入和稳定性

如果你的家庭条件比较普通,或者创业初期不确定能不能拿到投资,那么创业前期确实会比就业更困难,会有很多开销。这些开销如果没有经过创业的培训或系统的学习,有很多都是很难提前预算到的。但是创业一旦成功,回报也是巨大的,这是很多人选择创业实现自己梦想的原因之一。

而就业相对清晰,收入相对固定,发展也相对稳定,只是和创业比起来可能接触的工作内容更狭窄一些,同时相对来讲不如创业那么"自在",收入和当老板相比也不同。

三、知识技能差异

从知识技能的储备上来说,创业往往需要更多更广的涉猎,通常不仅要有一定的专业度，还要从商业计划、人力资源管理、产品、销售市场、财务等多个方面进行学习。

就业需要在具体职位中的技能或经验有所长进，同时也需要在一个固定的领域进行"深耕"，就业更多的就是专业性的提高。

四、行为差异

创业是要对一个团队负责，不仅要考虑自己的收入，也要负担所有员工的薪资、企业发展的各类前期投资，同时要兼顾自己的家庭等。创业要为整个体系负责，这并不容易，因为很多方面的知识之前并没有接触过，要付出更多。

而就业通常只需要对自己的工作负责，只要你拿到了Offer，你就必须对自己要负责的工作内容尽心尽职，其他的事情会有体系内同事来相互配合。只要你对公司保持持续的贡献就能够有稳定的发展，也对得起老板支付给自己的薪金。

五、什么样的人适合创业

其实并没有一个标准答案，但至少可以圈出来一些具备创业特质的人才的画像，比如其中一个维度就是要有全局观念，换句话说，喜欢为各种各样的事情操心。

在大学的经历中往往一些学生会主席、社团主席干部都是具备这样特质的同学，通过对学生组织的管理，锻炼自己的整体思维能力，也会积累很多不同方面问题的处理经验。

当然还有一类人也会选择创业，就是不愿意受别人管理的人。确实有一类人真的没有办法接受朝九晚五的重复工作，也不愿意服从别人的安排和领导。很多就业之后又离职创业的人，都是因为自己的理念和公司不同，最终选择了勇敢地追求自己的梦想。

六、做好充足准备

随着国家"大众创业，万众创新"大幕的拉开，各地高校都如火如荼地建立了创业孵化园，创业的各类支持政策也非常"给力"。

不过没有做好充分的准备之前，创业的风险是非常大的，至少需要评估包括自己在内的几个关键问题。

1. 资金和资源是否已经准备充分

身边十多年来创业的朋友很多，也都拿了几轮投资，但是其中大学一毕业就拿到投资的项目屈指可数。所以可以看得出来，为什么投资人会选择投资一个项目，首先要考虑的是你之前投入的资金和现在拥有的资源是不是已经有了一定的结果。

通常两类项目团队最容易拿到投资，一类是技术型的团队，特别是很快就能够实现商业变现的项目；另一类是手里有很多用户资源的团队，即便是嫁接一些商业项目也能够持续变现的，这两种都是资源。

除了资源，也要准备好充足的创业资金，不仅要做好一段时间自己没有收入的准备，也需要提前做好预算，提前准备好经营所需资金。

2. 结合自己的职业性格分析及职业规划做决定

其实不少人都有过创业的想法，但真的不是每一个人都适合创业，最好能够结合专业的职业性格分析测评，在对自己的未来进行认真的规划之后，作出慎重的决定，一旦开始，就要有坚持到底的决心。

创业者不仅要具备强大的心理承受能力，通常还需要在商业意识、决策、沟通等多方面有一定的优势，与此同时，也要考虑自己的职业发展中，创业担负的是什么样的角色。

3. 与家人共同决策

这个建议是非常中肯的，有不少创业者因为年龄阅历的缘故，不具备对事情发展成熟的判断和相对安全的决策能力。之前也遇到过一些因为创业失败导致大量债务，最终影响到家人生活的案例。

特别是大学生朋友，在选择创业之前，务必要和父母长辈进行深度交流。不仅能够在长辈们丰富的人生阅历中汲取必要的智慧，还能获得他们在背后强有力的支持，不论是将来工作或生活需要帮助时，他们也能化作"及时雨"来救场。

当然很多长辈因为担心晚辈太过辛苦或不够稳定，可能不会持完全肯定的态度，这时也恰好是考验你创业决心的时刻，你也可以尽量通过耐心的沟通最终换来支持。

4. 提前参加双创类大赛

如果是仍然在校的大学生朋友，建议你借助学校的资源，积极参与学校组织的各类创业大赛，在参赛的过程中，参与一些专业的创业培训，这会对你将来创业的准备有很大的帮助。

参加大赛不仅可以从全局思维和具体的实用技能方面得到成长，同时也可能在组建参赛团队和比赛的过程中，在自己的团队和其他的团队中遇到一些合适人选，提前完成创业核心团队的组建。

在比赛中，还会结识到很多资深的创业家、投资人和企业导师，他们都会分享自己的经验和教训，让你的创业避免不必要的弯路。

最重要的是，在参赛的过程中，你会听到很多专家的建议，这对项目的前景、商业模式和未来实际落地的价值有着重要的参考意义，比赛现场投资人说不准也会向你抛出橄榄枝，提前拿到天使投资。

5. 切记不要为了虚荣心创业

千万不要为了虚荣心去创业，很多家庭在教育的过程中会望子成龙、望女成凤，这也造成了很多年轻人在就业和创业的选择时，为了逃避就业的压力，直接选择创业。可这样的同学只看到了创业当老板的风光和自由，却忽略了创业本身的责任和付出。

记得曾经辅导过的一个男生，创业刚开始的时候，就先把从家里借来的创业启动资金，买了一辆车，然后租了一间漂亮的办公室，坐在大大的老板桌后面开始了自己的创业之路。

果不其然，没到一年，自己借的启动资金就捉襟见肘了，这时才发现自己其实没有什么能力，员工对自己也没有那么认同。"风光"的这段时间，仅仅是自己花钱买了一出"好梦一日游"，当自己资金耗尽时，员工和合伙人一一离去，这才意识到什么是现实。

七、最初的梦想

如果你都想好了，那么就开始亲手搭建自己的舞台吧。不论是就业还是创业，在这个舞台上你都会重新认识自己；不论是就业还是创业，在这个舞台上你都将积累宝贵的人脉资源；不论是就业或是创业，在这个舞台上你都会度过你青春中最美好的时光。

当然在这个舞台上你可能会遭遇失败，但是你要记住，今天的每一次失败都将成为你未来高屋建瓴的地基，都将成为你梦想实现那天夜空中的璀璨星辰。

后　记

警惕你所谓之努力，只是靠天赋的苟且

这么多年，你是在靠自己的努力学习进步成长？还是一直在无意识地吃老本，靠天赋在打拼？

别人家孩子身上的天赋

生活中往往会遇到两类人，一类人是自封"天选之子"的，生来天赋异禀，好像"含着金钥匙"出生一样，这些人当中有一部分是从来没有意识到自己有哪些天赋，比如最不容易也最容易忽略的"颜值"，除了后天整形，恐怕你的父母血脉会决定天生的好眼缘。

除了"颜值"，回想一下你身边那些能歌善舞、能跑会跳的人才，再看看自己不协调的肢体；回想一下身边那些"K歌之王""音乐鬼才"，喝口水再弹一下水杯，直接用耳朵告诉你音高是G小调降b；再看看那些一边上课，一边就随手涂鸦出一幅速写或者创意画的"怪咖"……好像天赋真的是与自己无缘。

更可怕的是，还有很多天赋真心是混迹职场的必备，比如天生的好酒量，对数学、逻辑的高级审美能力，还有些人天生就具备"口吐莲花"的文采，甚至还有人天生幸运，投资什么什么涨。这些真心让小伙伴们都望洋兴叹、唏嘘不已。

君既天赋，相亦天锡

"君既天赋，相亦天锡。"人生来均有天赋，但也有人说：上帝在为我关闭了颜值这扇窗的时候，顺便也把天赋这个门也关了。其实你若仔细寻找，

会发现上帝在地下还为你埋了一堆宝藏，一直在等你鼓起勇气去发掘。

我的一位好友，是个悟性很高的人，一大特点就是口才出众。之前的学习成绩也非常好，一直都是班级的佼佼者，每次考试别人都考95分，他总是100分，别人是努力考了95分，而他考100分是因为试卷只有100分。

他职场发展一直也很顺利，即便是工作中面对新挑战，也能深得领导赏识，扶摇直上。

可终有一日，他陷入了困境。随着公司的发展，人才蜂拥而至，竞争越发激烈，其中不乏能人异士，并且年龄精力都比他更有优势。不巧的是，他分管的业务方向刚好受到了政策调整的影响，市场规模在大幅缩减的同时，自己所带领的团队也随之士气低迷，调整乏力。

他之前一路顺风顺水，很少去思考自己的核心能力到底是如何形成的，现在却感觉力不从心。

消耗殆尽的天赋

靠天赋吃饭，最怕的是天赋被消耗殆尽，或者天赋所擅长之方向不能弥补工作中能力要求的短板。

天赋被消耗殆尽的原因，通常都是没有刻意去发展和练习天赋。一个人天赋异禀也需要后天刻苦的练习和培养，不仅如此还要及时储备天赋之外的能力。

而前面我那位好友的懈怠，就是因为靠自己的天赋发展在短期是没问题的，但是当满足于天赋所带来的短暂优越感之后，就会裹足不前，缺乏危机意识，故步自封。特别是当环境要求必须具备天赋之外的能力或知识时，反而会发现自己不仅不能调整，还缺乏暂时放弃天赋优势的勇气。

选择刻意奋斗，不再靠天赋苟且

更为可悲的是，很多人嘴上说自己没有天赋，但事实上却是无意识地靠自己所擅长的一些东西生存。不仅努力不够，而且天赋的优势也没有得到培养，更没有先知先觉的意识。

晋升之路，在于让自己的一技之长达到出神入化的地步之后，还可以谦卑地培养其他能力。

天赋之路，走好这四步

尽早明确你的天赋。天赋每个人都有，但不要把天赋神化，并不是一定要奥运冠军才配说自己具备体育方面的天赋。可以去回忆自己成长过程中，什么是自己比其他人更有优势的地方，比如任务完成得更快，有很多创新，自己极其热爱或是自己不费吹灰之力、其他人却要苦苦付出的事情，这就是你的天赋。忽视你的天赋，就是在无意识地消耗天赋，终有一日会因苟且而油尽灯枯。

寻找激发天赋的媒介。媒介就像是催化剂，有时候一场表演就可以让一个有天赋的小童开始被众人关注；有时候留心自己的心跳也可以找到那个让自己兴奋无比的瞬间；有时候，我们是通过痛苦的泥潭才能明白，原来困境和挑战是激发自己天赋的媒介。而这个媒介，或许是某个人的一句话，又或者仅仅是一杯冒着热气的咖啡。

明确可以发展、扩大天赋的途径。天赋要被刻意练习，练习分为两个维度：深度和广度。一个人的天赋必须要做到可以出神入化的地步，让我们能借着天赋保持领先。一个人天赋的可移植性决定了自己的抗风险能力，一个能言善辩的人，通常同时兼具演讲和写作的双重能力，要刻意平衡发展。

重视天赋的对立面，弥补短板。这点是职业发展中特别容易被忽略的地方，很多候选人因天赋上位，却因只靠天赋而遇到发展瓶颈。我们要清楚并敬畏自己的短板，这会让自己更加成熟、强大。某天一定会有更大的舞台，让你的短板不再成为瓶颈，让你因天赋尽情绽放。

这么多年，你是在靠自己的努力学习进步成长？还是一直在无意识地吃老本，靠天赋在打拼？

张彤岩　2022 年 1 月 15 日